지은이 **전 병 희**

저자는 케이프타운 2010 제3차 로잔대회에 한국 대표로 참여하였다. 남아프리카공화국 국립 웨스턴케이프대학교 이슬람학 철학박사로 대학에서 선교학, 실천신학, 이슬람학 과목을 가르치고, 남아공신학대학원 이슬람학/선교학 Postgraduate Supervisor, 스텔렌보쉬대학교 실천신학/선교학부 Research Associate, 세계복음주의연맹의 종교의 자유 국제연구소 저널 Book Review Editor로 섬기고 있으며, 신학교 커리큘럼 개발과 지역교회 지도자 멘토링을 하고 있다. 『The Path to Love (mahabbah)』(AcadSA), 『아프리카를 위로하라』(공저, 목양)를 저술하였고 다양한 이슬람 관련서적들을 번역하였다.

대장간에서는 『무슬림 친구에게 답하기』, 『기독교와 이슬람의 영성』, 『무슬림의 마음』, 『무슬림의 꿈과 환상』, 『사랑의 통로-이슬람 신비주의 속의 예수』, 『무슬림에게 복음 전하기』 등을 번역하였다.

도서출판 대장간은
쇠를 달구어 연장을 만들듯이
생각을 다듬어 기독교 가치관을
바르게 세우는 곳입니다.

대장간이란 이름에는
사라져가는 복음의 능력을 되살리고,
낡은 것을 새롭게 풀무질하며, 잘못된 것을
바로 세우겠다는 의지가 담겨져 있습니다.

www.daejanggan.org

로잔운동과 이슬람

지은이	전병희
초판발행	2012년 1월 20일
펴낸이	배용하
책임편집	박민서
교열	서동욱
등록	제364-2008-000013호
펴낸곳	도서출판 대장간
	www.daejanggan.org
	대전광역시 동구 삼성동 285-16
	전화 (042) 673-7424 전송 (042) 623-1424
ISBN	978-89-7071-244-4

이 책은 저작권법에 의해 보호를 받는 출판물입니다.
기록된 형태의 허락 없이는 무단 전재와 복제를 금합니다..

 값 9,000원

로잔운동과 이슬람

전병희 지음

차 례
Contents

권두언 - 조종남 / 9

추천의 글 1 - 크리스티네 쉬르마허 / 12

추천의 글 2 - 스테판 행어 / 14

저자 서문 / 19

1부 / 로잔운동과 이슬람

01 · 로잔운동의 성격과 근본정신 / 27

02 · 복음이 미치지 못한 사람들에 대한 도전 / 35

03 · 콜로라도 대회1978 / 42

04 · 파타야 회의1980 / 50

05 · 파타야 포럼2004 / 56

06 · 이슬람의 접근 / 60

07 · 그리스도인의 접근 방식 / 69

08 · 로잔의 응답 / 74

09 · 복음화의 방향 / 94

10 · 결론 / 108

2부 / 무슬림 사랑 이웃 사랑

11 · 이슬람을 어떻게 볼 것인가? / 117

12 · 그리스도인에 대한 꾸란의 언급들 / 118

13 · 그리스도인의 두 가지 의사소통 방법 / 120

14 · 무슬림들은 하나님의 사랑을 어떻게 이해하는가? / 124

15 · "공통의 말씀" / 127

16 · 무슬림들은 이웃 사랑을 어떠한 방식으로 전개하는가? / 137

17 · "공통의 말씀" 배후의 신학적 동기들 / 140

18 · 그리스도인은 무슬림에게 어떻게 사랑을 보여줄 수 있을까? / 144

19 · 결론 / 150

글을 마치며 / 154

후주 / 155

참고문헌 / 177

부록

1. 로잔운동의 역사와 흐름 / 189
2. 세계인권선언문과 카이로인권선언문 / 218
   - 세계인권선언문1948
   - 이슬람의 카이로인권선언문1990

| 권두언 |

제3차 로잔대회가 지난 해 10월에 남아프리카공화국에서 개최된 이후로 한 해가 지나갔지만 그때 우리가 같이 그렸던 그림이 엊그제 같이 선명하게 다가온다. 당시 198개 국가에서 4,200명 이상의 복음주의 지도자들이 모여서 세계복음화의 대명제 아래 한 마음으로 그리스도 안의 연합과 일치의 그림을 그리며 세상을 겸손하게 섬길 것을 다짐하였다. 이 로잔의 모토는 모든 교회로 하여금 온 세상에 온전한 복음을 전하도록 활력을 불어넣고자 함에 있다.

제1차 로잔대회1974에서는 교회의 사명이 전도말씀선포뿐 아니라 사회참여에도 있음을 인식하고 모든 교회가 협력하여 세계선교에 참여할 것을 주장하되, 특히 미전도 종족에 대하여 특별한 관심을 가지고 해외선교에 임할 것을 강조하였다.

제2차 로잔대회1989는 포괄적으로 여성과 제3세계 교회지도자들, 오순절 교회지도자들이 대거 참여하여, 여러 분야에서의 선교전략을 논의하며 온 교회가 온전한 복음을 가지고 온 세계에 선교할 것을 제창하였다.

이 두 대회의 결실로 나온 로잔언약과 마닐라선언문은 건전한 선교신학을 제시하고 있다. 로잔신학은 모름지기 모든 교회가 온 세계에 복음을 전하되, 복음을 말과 행동으로 그리고 능력으로 전할 것을 주장하고 있다.

제3차 로잔대회는 위에서 언급했듯이 더 다양한 교회와 기독교 기관의 대표들이 폭넓게 참여하여 그리스도 안에서의 연합과 일치의 정신을 재다짐 하였다. 그리고 문맹자, 디아스포라, 도시거주자, 캠퍼스, 매스미디어, 이슬람의 도전 등의 현대 상황, 모든 영역에서 복음을 전하기 위한 새로운 전략을 논의하였다. 이러한 결실로 나온 케이프타운서약은 교회로 하여금 하나님에 대한 신앙고백을 근간으로 하여 그분께서 사랑하시는 온 세상을 위하여 다각도로 섬기고자 하는 실천을 서약한 것이다.

이 3차 대회가 아프리카 대륙에서 열린 것도 의미가 있겠지만, 제3세계 여러 나라에서 온 참여자 중 다양한 사역에 가담된 여성들이 많아졌고 차세대 지도자층이 더욱 많았다는 면에서도 중요한 의미를 찾을 수 있다. 기독교의 급속한 변화는 이제 전통적인 서구의 유형과 사고방식보다는 세계 선교적인 필요와 흐름을 따라서 각 지역의 상황에 민감해야 한다는 것을 직시하게 만든다.

3차 대회에서는 기독교와 세속문화의 틈새에서 기승하는 다원주의의 현실 가운데 기독교 복음의 핵심인 예수 그리스도를 증거하고 그분의 가르침을 세상에 나타내는 것이 중요한 주제로 재차 강조되었으며, 기독교 선교에 고난과 핍박을 마다하지 않고 복음으로 세상을 변혁시키는 과업이 중요하다는 것이 강조되었다. 특히 타종교와의 대화 가운데 우리 그리스도인이 나눌 수 있는 부분과 우리가 보수해야 하는 부분을 생각하게 해주었다. 대화에서 상대방을 경청하는 자세와 정중하게 의사를 교류하는 것이 중요하며, 이것은 단순히 종교 간의 문제가 아니라 같이 만나서 부대끼는 삶의 영역 전반에 걸치는 것이어야 한다는 것을 보여주었다. 그리고 분열과 갈등이 있는 곳에서는 그리스도 안에서의 화해와 하나님과의 관계 회복이 우선적으로 필요한 것이기에, 현 시대에 요청되는 하나님의 선교에 대한 새로운 이해는 교회가 세계선교에 감당해야 할 과제가 무엇인지를 다시금 생각할 수 있게 해주었다.

로잔운동의 정신은 교회가 타종교특히 본서에서는 이슬람를 향해서 그리스도 안에서의 화해를 위해 장벽을 넘어서는 행동을 먼저 보여줌으로써 지속된 갈등을 제거해야 하고, 핍박이 있을지라도 이를 감수하고 이겨낼 수 있다는 것을 보여준다. 이 책의 저자는 교회가 아직까지도 무슬림에게 온전히 미치지 못하고 있는 부분을 로잔문서에서 다뤄진 문제들을 통하여 분석해 가며, 무슬림 복음화의 접근방안과 방향을 찾아보고 있다.

내 제자가 타문화권의 현장에서 사역하면서 이슬람에 대하여 로잔문서에 입각하여 쓴 글을 책으로 출간하게 되어 기쁘다. 이슬람에 대한 관심이 날로 커지고 있는 이때에, 본서는 이슬람에 대한 복음적인 접근방안을 한국교회가 연구하는 데 도움을 주리라고 생각되어 이 책의 일독을 추천하는 바이다.

조종남 박사
전 서울신학대학 학장
로잔 국제위원회 부의장

| 추천의 글 1 |

　이 책은 세계복음화를 위한 로잔운동에서 중대한 쟁점 중의 하나로서 강조되어온 무슬림 사역의 접근방식들을 고찰한다. 우리가 로잔운동의 기록들을 살펴본다면, 효과적인 무슬림 사역을 위한 접근방식이 매우 중요한 관심사라는 것이 분명해진다. 우리는 오늘날 무슬림 사역의 접근방식에 초점을 두어야 할 쟁점들을 발견할 필요가 있다. 그리고 현대 교회와 그리스도인 사역자들은 타문화 사회에서 존재하는 장애물을 극복하기 위해 긴급히 필요한 것이 무엇인지 이해해야 하며, 무슬림 사역에서 이겨내야 할 장벽들을 고려해야 한다. 이 책의 1부에서 저자는 그리스도인들이 그동안 무슬림 사역의 결과로서 나타난 다양한 문제점들을 어떻게 극복해야 하는지를 그동안 로잔운동에서 토의되어 온 것들을 중심으로 하여 다룬다. 그리고 전인적인 접근으로서 다양한 방식들을 통하여 무슬림 복음화를 어떻게 효과적으로 이루어 갈 것인지를 다룬다. 이러한 접근은 한국의 그리스도인들에게 타문화 사회에서의 무슬림 사역에 관해 돌아보게 하고 오늘날 세계에서 이슬람의 동향과 도전에 부응하여 한국교회가 전략적인 접근을 할 수 있도록 많은 아이디어를 주게 되리라 생각한다.

　저자는 이 책의 2부에서 "공통의 말씀"A Common Word Between Us and You에 관한 토의와 이에 대한 우리 그리스도인들의 성서적 입장을 명확하게 하나의 균형이 잡힌 좋은 상황화로서 그리고 복음주의적 접근방식의 한 부분으로서 고려한다. 저자는 예수 그리스도의 복음을 가지고 무슬림들에게 접근해 가야할 방향에 대해 도전을 주는 책을 썼다. 우리 그리스도인들에게 도전을 주는 책이라고 보게 되는 이유는, 무슬림들을 친구로 삼고 무슬림들과의 대화를 시작할 수 있는 공통의 기반이 있다는 것을 발견한 후에는 우리가 이전과 똑같이 그냥 머물러 있지 않을 것이기 때문이다. 효과적인 대화는 우리가 개인적인 관계를 발전시킬 수 있을 때에만 가능할 것이고, 이를 위해서 우리는 두려움이나 부정적이고 진부한 생각을 버려야 한다. 그리고는 만일 이슬람의 가르침에서 비롯된 무슬림 친구의 그리스도인들에 관한 인식에 관하여, 우리가 무슬림 친구를 이해하도록 노력한다면, 우리는 상대방과 대화하려는 준비가 갖추어질 것이고 동시에 그리스도를 위한 좋은 증거자들이 될 것이다.

저자는 대화와 증거 둘 다 우리의 무슬림 이웃들을 향해 그리스도를 닮아가는 관계에서 우리에게 필요한 요소임을 강조한다. 그와 같은 관계 속에서 우리는 두 종교의 서로 다른 인식들, 예를 들어 하나님의 사랑에 대한 개념 차이 등을 찾아내게 될 것이다. 그러나 이러한 차이들은 무슬림들과 접촉을 피하거나 침묵을 지키게 하는 이유도 아니고 그들을 거절하거나 두려워하게 할 이유도 아니다. 저자는 사랑을 품은 증거만이 그들에게 들릴 것이고 또 들려져야 한다는 것을 분명하고도 이해할 수 있는 언어로 설명한다.

이번에 전병희 박사께서 이러한 정보를 책으로 내게 된 것을 기뻐하며 한국의 그리스도인에게 마음 다해 이 책을 권한다.

크리스티네 쉬르마허 교수 Dr. Christine Schirrmacher
벨기에 루뱅 프로테스탄트대학교
복음주의 신학 연구 및 이슬람학 교수
세계복음주의연맹(WEA) 이슬람에 대한 공식 대변인 및 자문관

| 추천의 글 2 |

　우리는 다른 신앙과 관점을 지닌 사람들을 인정하면서도 동시에 그들에게 어떻게 복음으로 진실하게 응답할 수 있을까? 우리는 무슬림들에게 사랑 가운데 참 진리를 어떻게 제안할 수 있을까?
　많은 그리스도인은 무슬림들을 바라보면서 세계무역센터World Trade Center의 쌍둥이 빌딩twin towers이 무너지는 것을 연상하거나, 런던과 마드리드의 테러리스트 행위들을 생각한다. 많은 그리스도인이 아프가니스탄과 이라크와 같은 지역들을 주목의 대상으로 보았기 때문에, 이러한 편견으로 말미암아 무슬림들도 예수 그리스도의 복음을 필요로 한다는 사실을 그들 스스로 드러내도록 이끌지 못했다. 그리스도인들이 무슬림들에 의해 도움을 입은 경우도 있겠지만, 어떤 그리스도인들은 무슬림들에 의해 상처를 입어왔을 수도 있다. 하지만 그리스도인들과 무슬림들은 많은 지역에서 함께 평화롭게 살아가고 있다. 그들은 음식을 함께 나누고 친척이나 이웃의 죽음에 대해 함께 운다. 이와 같이 무슬림들은 우리와 같이 살아가는 사람들이다.
　무슬림들에 의해 나쁜 일들이 우리에게 일어났을 때, 그들과의 관계를 어떻게 지속해 나갈 수 있을까? 무슬림들에게도 지난 과거에 나쁜 사건들이 있었을 것이고, 그들을 위협하는 그리스도인들이 붙어서 따라다니며 괴롭히는 기억들이 그들에게 있을 수 있다. 그들은 타국에서 살려고 일자리와 안전한 장소를 찾고 있었을 테지만, 단지 버림받은 사람들로서 멸시를 당하며 주목의 대상이 되었을 수도 있다. 무슬림들은 그들의 이웃들과 사회적인 관계를 갖기를 원하고, 새로운 지역에 어울리기 위해 이웃들의 세계와 문화로부터 배우기를 원하지만 아무도 그들에게 말을 건네지 않고, 도리어 주위의 이웃들이 두려움에 쌓여있는 것처럼 보이며, 무슬림들을 알려고 하는 아무런 노력도 보이지 않을 수도 있다.

우리가 무슬림들과의 관계를 형성하는 데에 갖게 되는 문제들에 대해 근본적인 답을 찾기 위해서는 신학적이고 선교학적인 고려와 반성이 반드시 필요하다. 로잔운동은 끊임없이 늘 변화하는 문화 가운데 다른 믿음을 지닌 사람들에게 우리가 복음의 손길을 어떻게 펼쳐야 할 것인지를 중점에 두고, 온 세계에서 개신교 복음주의 지도자들을 함께 모아 여러 회의를 통하여 사상과 실천을 모색해왔다. 그 회의들을 거쳐서 인식한 과업들은 아직 완성되지 않았고 한창 진행 중에 있다. 이러한 와중에 무슬림들에게 복음을 전하는 데 가담하면서 부딪히게 되는 주요 도전들과 장애들은 무엇인가? 말과 행위를 겸비한 전인적인 방식으로 예수 그리스도를 전하기 위해, 다른 것들 보다 더 잘 어울릴 특수한 복음전도의 방법들이 있는가? 선교사를 내보내는 신흥국가들은 이전 세대의 범한 실수들에서 배울 수 있는 것이 무엇일까? 우리는 정치적인 조정의 시대와 차이들의 충돌을 피하는 시대에 살면서 복음을 어떻게 진실되게 전할 수 있을까?

본서의 저자는 로잔운동에서 무슬림을 향한 복음전도와 무슬림-그리스도인 간의 관계들에 대해 개신교 복음주의 지도자들이 영향을 일으키고 평가한 문서들을 살펴보았는데, 이러한 고찰은 우리 그리스도인들에게 아주 고무적이다. 오늘날 성경적 관점에서 위의 질문들에 대해 분명한 해석의 방식을 갖추는 것은 어느 때보다도 더 중요하고 긴급하다. 복음의 상황화는 이러한 필요 상황에서 매우 중요하지만, 이 질문들이 혼합주의에 접근하기 전에 자주 적합한 형식들을 갖추는 부분에서 연구와 개발이 필요하다. 비록 이 질문과 다른 질문들이 이 책에서 충분히 대답되지 않을지라도 저자는 로잔운동이 무슬림 복음화의 방향을 모색하기 위한 적합한 아이디어들을 제안하고 있다는 것과 우리 그리스도인들에게 꼭 있어야 할 중요한 고려사항들을 제공해주고 있는 것을 보여준다.

새로운 조정peace-making의 노력들은 지난 해부터 연속되었는데, 복음주의자들과 무슬림 지도자들 양측이 중립의 기반 위에 서로 간 만남을 갖고서, 그들의 믿음과 실천에 관한 공통의 질문들에 관해 토의하고자 하였다. 일부 그리스도인들에게 이 노력들은 토론하기 좋은 질문을 마련할 수 있는 기반을 만들어 준 반면에, 어떤 그리스도인들에게는 이것은 적과의 반# 장난으로 손을 내미는 것으로서 보였을 수도 있다. 무슬림들과 그리스도인들은 많은 비슷한 신학적인 토대를 공유하지만 실제의 삶과 종교적 실천들에서 서로 매우 다른 것을 깨닫게 된다. 우리는 영적이고 신학적인 내용을 묘사하고자 같은 말들을 사용할 수도 있겠지만 실상은 그것을 다른 의미로 채운다. 우리는 어떻게 성경적 계시의 진리를 어느 것과도 타협함이 없이 무슬림들과 만나서 공통의 관심사들을 나눌 수 있을까? 또한, 천국으로 가는 유일한 길이라고 제안하며 포교를 꾀하는 이슬람의 신앙과의 타협함 없이 우리는 어떻게 무슬림 개인에게 우리의 사랑을 보여줄 수 있을까?

우리에게 그 대답은 예수 그리스도 안에 있다. 그분은 하나님의 완전한 성육신이다. 그분은 아버지로부터 와서 아버지께로 돌아가셨다. 그분은 우리를 구원하러 오셨고, 인간으로서 최선의 모습으로 진정한 인간애를 보여주시고자 우리에게 오셨다. 이것은 기독교 종교 이상으로 더 나아가 지구상에 있는 모든 사람을 포함한다. 예수께서는 은혜와 진리로 충만하시다. 우리는 하나님과 인류와의 온전한 관계 형성을 위해 예수 그리스도를 바라볼 필요가 있다. 이슬람에서 예수는 선지자로서 높게 여김 받는다. 이 공통의 기반은 무슬림들도 예수 그리스도 안에서 평화와 기쁨을 발견하도록 돕고자 사용될 수 있을 것이다. 이러한 도전은 우리의 이웃들로 하여금 (우리가 행하는 모든 것을 통해 하나님 안에서의 가치있는 삶, 우리의 성화와 하나님을 영화롭게 해드리는 삶을 살아가면서) 그리스도 안에서 죄, 회개, 화해, 회복을 이해하도록 그들을 인도해야 하는 일이 우리에게 여전히 남아있음을 깨닫게 해준다. 우리가 우리 자신을 사랑하듯이 우리는 그리스도 예수 안에서 우리의 이웃을 사랑하도록 가르침을 받았다. 우리는 우리나라에 들어오는 무슬림들을 두려워하면서 거부반응을 보일 것인가? 아니면 그들에게 사랑과 돌봄의 정신을 보일 것인가? 우리는 무슬림들이 어떻게 그리스도를 만날 기회를 가질 것인지 그들이 신앙을 결정하게끔 대하고 있는가? 우리는 무슬림들에게 그리스도의 편지가 아닌가!

이 책에서 제기된 쟁점들에 관해 회고하는 가운데 성령께서 당신을 인도하시고 당신의 삶을 부요케 하시기를 기원한다. 세계 전역에 흩어져 있는 무슬림들에게 기쁜 소식인 예수 그리스도의 복음을 그들이 이해하도록 돕고자 적극적으로 애쓰는 모습이 우리 가운데 있는 것을 하나님께 보여드릴 수 있는 그리스도의 제자가 되기를 기원한다. 나는 무슬림들과 어떻게 관계해야 하는지에 관한 연구와 토의에 이 책을 추천하고 싶다. 한국의 신학계와 선교학계가 이 책에서 도움을 입게 될 것이다. 한국인 신세대가 무슬림들을 사랑하는 마음을 품고서 본국과 세계 곳곳에서 그들에게 복음의 진리를 마음껏 펼칠 수 있기를 기원한다.

스테판 행어 Stefan Henger
에스아이엠 국제선교회 SIM international

| 저자 서문 |

    로잔운동이 일어나게 된 배경은 빌리 그레이엄 박사Dr. Billy Graham 의 아이디어로 1966년 "한 인종, 한 복음, 한 과업"One Race, One Gospel, One Task의 표제 아래 베를린 세계복음전도대회Berlin World Congress on Evangelism가 개최되었는데1) 그 이후로 싱가포르1968년, 미니애폴리스와 보고타1969년, 오스트레일리아1971년에서 더 심도 있는 대회를 가진 후로 곧 사회적·정치적·경제적·종교적 격변 가운데 기독교 선교와 급변하는 세계에서 사상과 가치를 이해하며 이에 복음을 적용하기 위한 더 다양한 대회를 계획하며 일어나게 되었다. 1974년 대회로 이어진 로잔운동의 의의는 복음전도, 문화, 타종교, 사회 책임, 성령의 영역에 더 폭넓고 균형 잡힌 성경적인 시각을 개발시키고자 돕는 데 있었다.

    1974년 7월 16일부터 24일까지 스위스 로잔에서 개최된 제1차 로잔 대회에는 약 2,500여명의 참여자들과 1,000명의 방문자들이 150개국의 135개 개신교 교단에서 왔는데 이 로잔언약은 하나님의 목적, 성경의 권위와 능력, 그리스도의 유일성과 보편성, 복음전도의 성격, 그리스도인의 사회적 책임, 교회와 복음전도, 복음전도에서의 공동협력, 복음전도의 파트너십 가운데 있는 교회들, 복음전도 과업의 긴급성, 복음전도와 문화, 교육과 리더십, 영적 갈등, 자유와 박해, 성령의 능력, 그리스도의 재림과 같이 15가지 주제로 나눠진다. 이 회의에서 사회와 정치적인 책임이 교회의 선교에 필수적으로 중요한 부분임을 확인하였다. 이 기초적인 확인은 로잔언약에 나타나는데 전도와 사회의 관계가 서로 배제되는 것이 아니어야하며, 전도와 사회정치적 책임은 그리스도인의 의무 즉, 개인적인 동시에 사회적인 책임이라 말한다.2) 선교의 폭넓은 의미를 명확히 선언한 제1차 로잔대회에서 '복음화' evangelization는 복음전도와 복음에 대한 사회적 책임을 합친 개념이다.

1989년 필리핀 마닐라에서 개최된 제2차 로잔대회에서 내세운 마닐라 선언문은 12가지 주제-(온전한 복음) 인간의 곤경, 오늘을 위한 복음, 예수 그리스도의 유일성, 복음과 사회적 책임, (온 교회) 하나님과 복음전도자, 인간의 증거, 증인들의 정직, 지역교회, 복음전도에서의 공동협력, (온 세계) 현대 세계, AD 2,000[3] 어려운 정세-를 다루었는데, 특히 '온 세계' 부분에서 예수 그리스도가 유일한 구주이심을 믿는 그리스도의 복음의 유일성을 강조하였다.

로잔언약은 '복음화' evangelization를 '온 교회가 온전한 복음을 온 세계에 전하는 것'으로 정의했는데 이것이 2010년 남아공 케이프타운에서 개최된 제3차 로잔대회에서 작성된 케이프타운서약에도 그대로 준수되어 남아있다. 케이프타운서약은 로잔언약을 재확인함으로써 다음과 같은 갱신을 꾀하고 있다.

"그분의 창조물의 모든 차원(죄와 악으로 말미암아 모두 황폐하게 되었기 때문에)을 위해 그리스도 안에서 하나님의 영광스런 좋은 소식으로서 **온전한 복음**을 향한 우리의 사랑, 이 시대에 하나님의 선교를 나누고 다가올 시대에 영원히 그분을 영화롭게 하기 위해 지상의 모든 국가와 역사의 모든 시대로부터 그리스도에 의해 구속된 하나님의 백성으로서 **온 교회**를 향한 우리의 사랑, 세상을 사랑하셔서 구원을 위해 그분의 독생자를 내어주신 하나님에게서 너무 멀리 떨어져 있을지라도 그분의 마음에는

아주 가까운 **온 세계**를 향한 우리의 사랑" 케이프타운 서약 전문의 '우리의 사랑
의 열정' The passion of our love에서

이번 3차 로잔대회에서 날마다 다르게 강조된 주제들은, 1) 진리
Truth: 다원화되고 국제화된 세계에서 그리스도의 진리를 위한 정당한
논거를 냄, 2) 화해Reconciliation: 분열되고 망가진 세상에서 그리스도의
평화를 세우는 것, 3) 세계 종교World Faiths: 다른 신앙인들에게 그리스
도의 사랑을 증거하는 것, 4) 우선순위Priorities: 21세기 세계복음화를
위한 그리스도의 뜻을 분별하는 것, 5) 정직Integrity: 그리스도의 교회가
꾸밈없이 겸손과 온전함으로 돌아가도록 요청함, 6) 협력Partnership: 화
해와 회복을 향해 그리스도의 몸 안에서 협력하는 것이다. 1)항과 2)항
은 로잔에서 온전한 복음Whole Gospel을 강조하는 것에 관련된다. 3)항
과 4)항은 온 세계Whole World에 복음을 전하는 것을 강조하며, 5)항과
6)항은 온 교회Whole Church가 행하는 것을 강조한다.

본서의 1부에서는 위와 같이 1966년을 기점으로 지금까지 이어 온
로잔운동4)의 성격과 근본정신을 살펴보며 세계복음화의 중대한 쟁점
인 오늘날 이슬람에 대한 로잔운동의 신학적 접근과 복음화의 방향을
살펴보았다. 이슬람에 대한 자료접근에는 먼저 로잔운동의 과정에서
이슬람에 대해 심층깊이 다룬 세 대회1978년 콜로라도 대회, 1980년 파타야 회
의, 2004년 파타야 포럼 문서 기록을 주로 분석하고 오늘날 이슬람의 동향
을 읽은 후 기독교 측에서 본 논의와 접근을 고찰하였다. 그리고 이러

한 논의들이 한 실례로서 남아프리카의 상황에서는 어떻게 적용될 수 있는지를 살펴보고 복음화의 방향을 제시하였다.

이슬람은 온 세계 어디에서나 계속적으로 꾸준히 성장하고 있으며 인간 삶의 총체적인 부분에 영향을 미치고 있는 선교적인 종교이다. 이 종교에 대한 연구는 기독교와의 공통적인 상관관계를 비교함으로써 효과적으로 행해질 수 있다고 보며, 이러한 비교연구를 통해서 이 종교를 어떻게 이해하고 대응해야 할지를 중심에 두고 집중해 볼 필요가 있다. 이러한 견지에서 이 두 종교의 유사점 비교연구는 두 믿음의 심장부인 하나님 사랑과 인간 사랑의 개념을 탐구해 보는 것이 중요하다. 본서의 2부에서는 두 믿음 간의 중심적인 가르침에서 유일신 사랑과 이웃 사랑에 대한 신학적이고 영적인 기초들을 논하고 이슬람의 꾸란 경전과 영적인 면들을 다루었다. 하나님에 대한 사랑과 이웃에 대한 사랑은 2007년 10월 13일 이슬람학자들 138명이 베네딕트 16세 교황에게 보내온 서신 "공통의 말씀"5)에서 논의 되는데 이 종교 간의 대화를 위한 공개 서신에 대한 그리스도인의 응답을 생각해 보며, 이를 통해 이슬람과 기독교간의 효과적인 대화의 가능성을 모색하고자 하였다.

1부의 글은 2011년 5월 24~26일에 "제3차 로잔대회의 남부아프리카 적용"이라는 주제로 남아공화국 포체스트롬에서 개최된 제4차 중남부아프리카11개국 한인선교사회 전략회의에서 "로잔운동과 오늘날 이슬람에 대한 복음전도의 방향"이란 제목으로 발표한 내용이며, 2부의 글은 2009년 9월 28~10월 2일에 스텔렌보쉬대학교 신학부 150주년 기념 신학컨퍼런스에서 "이슬람의 하나님 사랑과 이웃 사랑 그리고 그리스도인의 응답"이란 제목으로 발표한 내용이다. 이 내용은 남아프리카에서만 중요한 것이 아니라 오히려 한국에서 더 중요한 주제라 생각이 든다. 한국의 그리스도인에게 복음주의적 시각에서 이슬람을 이해하도록 하는 데 보탬이 되리라 확신하여 책으로 엮게 되었다.

저자 전 병 희
현장 연구실에서

1부
로잔운동과 이슬람

01
로잔운동의 성격과 근본정신

　로잔운동The Lausanne Movement은 온 교회가 온전한 복음을 온 세계에 전하도록 활기를 불어넣어 준 하나의 국제적인 운동이다. 1974년에 세계복음화의 과업을 위해 유럽의 스위스 로잔에서 소집된 제1차 로잔대회International Congress of World Evangelization, Lausanne, Switzerland를 통하여 세계 교회는 성경적 복음과 기독교 선교의 전인적 성격에 대한 선명한 발견6)과 더불어 미전도종족 그룹들에 대한 새로운 인식7)을 하게 되었다. 이 대회는 많은 복음주의자로 하여금 동시대 선교학적 쟁점들을 파악하도록 하였다. 그로부터 15년 후 1989년에 아시아의 필리핀 마닐라에서 개최된 제2차 로잔대회를 통해서는 세계 전 지역에 있는 국가들 간의 협동을 꾀하며 세계복음화를 위한 300개 이상의 전략 파트너십이 만들어지게 되었다. 이 두 대회를 통해 작성된 로잔언약The Lausanne Covenant 8)과 마닐라선언문The Manila Manifesto 9)은 성경적 복음의 핵심 진리와 실제적 선교의 적용을 분명히 나타내고 있다. 그로부터 21년이 지나 2010년 10월 16~25일에는 남아프리카의 남아공화국 케이프타운에서 제3차 로잔대회가 열렸는데 세계 교회가 모든 국가와 사회, 그리고 사상의 영역에서 예수 그리스도와 그분의 가르침을 증거하도록 신선한 도전을 주었으며 로잔언약과 마닐라선언문을 조합하여 전인적인 방향을 재확인하는 케이프타운서약The Cape Town Commitment

10)을 작성했다.

3차에 걸친 로잔대회는 오늘날 세계 선교에 대한 신학적인 토대와 실제적인 전략들의 개발을 통하여 온 세계 지도자들을 섬기고 그리스도인들을 무장시키는 일을 교회가 하도록 도와주고자 하였다. 로잔의 정신은, 먼저 하나님은 세상에서 활동적이시고 우리는 그분이 일하시는 것으로 말미암아 환기가 되어 우리도 할 수 있어야 한다고 특징짓는다. 승리주의triumphalism를 품었던 것에 대한 회개가 1차 대회에 이어 2차 대회에서도 지속되었다. 그리고 3차 대회에서도 여전히 뉘우쳐야 할 주제로 거론되었다. 참여자들은 단순히 사실이 옳다고 선언하기를 원한 것이 아니라 그들 스스로 세계복음화의 과제를 수행할 것을 서약하고 헌신한 데 의미가 있다. 이것이 일종의 하나로 묶는 공약이 되었다.

로잔언약에서 내세운 표제이자 근본정신인 "온 교회가 온전한 복음을 온 세계에 전하기"를 그대로 지닌 3차 대회의 핵심 주제는 세계를 위한 하나님의 선교에서 교회의 정체성, 교회의 역할과 기능 이해와 관련하여 '온 교회'의 의미해석이다. '온 교회'는 모든 그리스도인을 의미하는데 성경전체, 사회의 변혁, 세상 가운데, 모든 국가를 위해, 선교의 전략들, 다양성상황화 관련 가운데 처한 온 교회를 의미한다.11) 로잔운동에서 교회의 선교는 말씀과 행위의 선교로서 '전인적 선교' holistic mission 혹은 '통전적 선교' integral mission라 종종 불린다. 이것은 케이프타운서약이 이 선교의 사회적인 일면을 묘사하는 것으로 하나님 구속의 총체성wholeness을 반영하는 것인데12) 이러한 전인적 사역은 어느 개인에게 국한된 것이 아니라 온 교회의 책임이다.

크리스토퍼 라이트Christopher J. H. Wright는 교회가 보여주어야 할 것을 언급한다.

> *"우리의 선교가 복음을 나누는 것이라면 우리는 좋은 소식을 지닌 사람들이어야 할 필요가 있다. 만일 우리가 변혁transformation의 복음을 전파하면 우리는 변혁이 무엇과 같은지에 대해 일부 증거를 보여줄 필요가 있다. 그래서 '온 교회'에 대해 물어볼 필요가 있는 질문들의 영역이 있다. 그것들은 정직integrity, 정의justice, 연합unity, 포용inclusion, 그리스도를 닮음Christlikeness과 같은 것이다."*[13]

라이트에 의하면 그리스도인의 활동무대로서 '온 세계'는 일의 세계the world of work, 공공의 활동 장소the public arena, 사업의 세계the world of business, 교육, 정치, 의학, 스포츠와 같은 것이다.[14]

로잔운동에서 또 하나의 중요한 주안점은 에딘버러 1910 대회World Missionary Conference에서 흘러온 에큐메니즘과 그것이 로잔운동 내에 존재하게 된 에큐메니컬의 움직임과의 관계이다. 에딘버러 1910 대회는 1910년 6월 14~23일까지 160개 개신교 선교단체에 속한 1,200명 선교 관계자들delegates이 스코틀랜드의 에딘버러에 모인 세계적인 복음주의 에큐메니컬 대회였다. 후에 남아공의 선교학자 데이비드 보쉬David Bosch는 이 대회를 그리스도 안에서 이뤄진 구원과 '세속' 학문의 놀라운 진보, 양 쪽에 대해 한 호흡으로 찬미하는데 어려움이 없었던 훌륭한 "에큐메니컬적 복음적인"Ecumenical Evangelical 대회였다고 일컬으면서 세계 속의 선교를 위한 하나님 섭리의 표명으로서 우직하게 찬미를 받은 대회라고 불렀다.[15] 이 대회에서는 비그리스도인들 가운데 선교 사역만을 다루고, 교회가 직면하는 가장 긴급하고도 당면한 문제들만 말하기로 하고, 어떠한 교회조직이나 교리적 질문들은 나타내지 말 것을 표명하며, 세계를 복음으로 전도하자는 복음주의적인 초교파적 열심으로 시작했지만, 이러한 그리스도인의 공동 협력과 연합의 운동 가운데서도 참석자 중에 일부가 복음주의evangelicalism에서 궤도를 벗어나 현대의 에큐메니즘ecumenism을 낳게 되었다.

1910년 에딘버러 국제선교대회는 개신교 복음주의 진영의 선교방향에 유익하고 새로운 접근들을 제시하였지만 한편으로는 교회들의 연합을 꾀하는 현대 에큐메니컬 운동을 낳은 것이다.16) 에큐메니컬 독자들을 위해 로잔을 요약한 사람이 존 스토트John Stott였다. 그는 로잔 메시지의 네 가지 면을 보도했다. "성경적 복음을 타협하지 않고, 하나님과 복음전도의 목적 안에 교회의 구심점을 두며, 문화를 진지하게 취할 필요성, 그리고 온 세계의 갈등에 대한 인식"이었다.17) 존 스토트는 "'기획위원회' Planning Committee가 논쟁적인 것으로 알았던 언사들을 초대하는 용기를 가졌고 그들을 검열하는 어떤 시도도 하지 않았다"18)고 언급하면서 "진보적인 학파와의 신학적인 논의가 필요함"를 강조했고 '로잔의 정신' Spirit of Lausanne을 자유의 바람들이 불도록 지지를 허용한 "상대를 환영하며 자기를 낮춘 겸손"welcome humility으로 묘사했다.19)

제1차 로잔대회에서의 쟁점은 복음화되지 않은 세계의 복음화였다. 그 초점은 복음이 미치지 않은 비그리스도인 인구들에 있었다. 그러나 2004년 9월 29~10월 5일에 행해진 태국의 파타야Pattaya 포럼에서는 1974년 1차 로잔대회의 범위를 넓혔다. 파타야에서의 세계복음화 포럼 주제는 "새로운 비전, 새로운 마음, 새로운 소명"A new vision, a new heart, a renewed call으로 세계에 복음을 전하는 과업에 관련하여 동시대의 중대한 쟁점들을 다루었다. 세계에 유행병인 에이즈HIV, 테러리즘, 세계화, 매스미디어의 세계적 역할, 가난, 그리스도인들의 박해받음, 분열된 가족들, 정치적이고 종교적인 민족주의, 포스트모던 사고방식, 어린이들의 압제, 도시화, 불구자들과 소수자들에 대한 소외 등이 다뤄졌으며 어린이들의 복음화, 청년들, 비전통적인 가족들, 구두로 배우는 자들인 세계 인구의 대다수, 장애를 지닌 사람들, 가난한 사람들, 에이즈로 고통을 겪는 사람들, 자본주의 시장에서 그리스도인 증거자의 도전, 포스트모던 세계에서 종교적이고 비종교적인 영성, 갈등으로 가득한 세상에서 화해와 평화, 종교적인 원리주의, 세계화, 도시화, 사역과 선교에서 협력의 결정적인 필요 그리고 그 외 수많은 다른 주제들이 거론되었다.20)

파타야 포럼에서는 세속화된 서양에서의 형식적인 그리스도인들 nominal Christians, 즉 개신교, 가톨릭, 정교회를 주관심사로 거론하였다. 로잔의 리더, 형식적인 그리스도인들을 복음전도하는 것이 힌두교도나 무슬림들에게 미치는 것보다 훨씬 더 어려울 것이라고 주목하였다. 그러나 한 가지 초점을 놓치는 것이 보인다. 세속적 서양의 재복음화reevangelization는 처음으로 사고방식, 배경, 문화가 완전히 다른 사람들에게 복음을 전달하는 것과는 아주 다른 과업이기에 타종교의 세계관과 물질주의적 서구의 사고방식 간에는 상당한 격차가 있다. 우리의 관심에서 잊혀진 미전도 종족에게 복음으로 영향을 미치고자 하는 과업은 복음이 전혀 없었던 사회에 처음으로 교회를 세우는 것이기에 아주 다른 것이다. 하여튼 복음화에 대한 사고방식을 넓힘으로 파타야 포럼은 동양과 마찬가지로 서양에서, 남쪽과 마찬가지로 북쪽의 모든 사회에서 모든 세대와 각 개인을 복음으로 전도할 필요성을 파악하였다. 그러나 이것은 최초의 복음전도교회가 없는 지역의 미전도 종족을 향한와 이웃들을 얻고자 하는 지역교회의 복음 전도적 아웃리치 간의 구분을 흐릿하게 하였는데, 랄프 윈터Ralph Winter 21)에 의해 주의 깊게 표명된 중요한 구분이 파타야 포럼에서는 빠져있었다. 초점이 맞춰진 복음 전도화 개념을 파타야에서는 보편화시킨 것이다. 결과적으로 "그들이 어떻게 들을까?"하는 문제를 파타야 포럼은 중요하게 대답하지 않았다. 그 불명료함은 태국 보고서Thailand Reports에서 나타난다.22)

이러한 배경에서 그러면 제3차 로잔대회의 주요 쟁점은 무엇인가?

제3차 대회Cape Town 2010는 변하지 않는 진리인 하나님의 말씀과 변화하는 세상의 실제에서 어떻게 선교가 이뤄져야 하는지를 사랑의 관점에서 다루었는데 이를 케이프타운서약에 신앙의 고백a confession of faith과 행동의 요청a call to action 두 부분으로 구성하였다.23) 이 토대 위에 복음의 선포와 이 복음을 행동으로 나타내 보일 책임을 서약하였다.

서약의 제2부에서 모든 그리스도인이 섬겨야 할 세상에 대해 행동을 취하기 위한 6가지 영역을 제시한다.24)

첫째, 진리Truth

예수를 진리the Truth로서 증거하고 진리대로 살기. 상대주의적인 다원주의에 대처하고 일터와 매스미디어에서 진리를 장려하기. 정부, 사업, 학술의 활동무대에 성경적인 기독교 진리를 가지고 활발히 참여하기.

- 진리 주제 아래 시장사역, 멀티미디어와 과학기술, 개인 증거, 복음의 진리와 다원론의 도전.

둘째, 화해Reconciliation

차별이나 박해 등 그리스도의 평화가 필요한 곳에서 그리스도의 이름으로 화해할 책임과 성경적으로 평화를 일구어가야 하는 데에 참여하기.

- 환경, 민족성, 가난과 부, 자원, 청지기 직분.

셋째, 타종교World Faiths

타종교인들 가운데서 그리스도의 사랑으로 살아가기. 타종교인도 우리의 이웃에 포함. 또한 우리가 그들의 이웃임을 보여주기. 강제 개종을 거부하며, 타종교인들에게 복음을 미치는 데에 그리스도를 위해 수난을 당하고 죽기를 기꺼이 하는 것을 우리의 소임으로 받아들이기. 반면에 종교적 자유에 권리를 포함하여 다른 사람들의 인권을 지키고 보호하는 데 기여하기. '제자도의 다양성' diversity in discipleship을 존중할 필요가 있고 특별히 '내부자 운동' insider movements에 관해.

- "다른 믿음들을 지닌 사람들에게 그리스도의 사랑을 증거하기"25) 라는 제목으로 디아스포라흩어진 사람들에게 사역, 세계화세계화 시대에 기독교의 제자도와 선교, 미전도 종족그룹들세계 1/4의 섬김의 대상에서 빠진 사람들.

넷째, 우선순위Priorities

세계복음화에서 그리스도의 뜻 분간하기. 아직까지 복음이 미치지 못한 종족들, 구술적 문화들, 기독교 지도자들, 도시들, 어린이들이 다섯 중요 그룹이다. 성서번역, 이주민들, 빈민들, 위기에 처한 어린이들.

- 새로운 선교의 우선순위들로 지도자 훈련과 개발, 구술 방법론, 도시선교.

다섯째, 정직Integrity

그리스도의 교회가 겸손, 정직, 그리고 꾸밈없이 단순함으로 돌아오도록 요청하기. 희생적인 제자도, 소박한 라이프스타일, 도덕적으로 정직. 무질서한 성, 힘, 성공, 욕심의 우상숭배들 근절하기.

- 진정성Authenticity과 정직Integrity을 향하여 성적인 문제, 인간의 미래, 정직과 겸손, 번영의 복음, 여성과 남성의 본분

여섯째, 협력Partnership

선교의 일치unity를 위한 그리스도의 몸 안에서 협력하기. 하나님과 화해하고 다른 사람들과 화해하기. 화해된 연합 속에서 사는 것에 실패한 것은 선교에 있어서 진정성과 효과성에 주요 장애물. 협력의 중요한 면들은 여성들의 공헌들과 신학적인 교육의 역할을 포함.

- 어린이와 청년, 자발적인 리더십, 여성과 남성의 동역, 전도와 신학교육에서 성경을 우선시.

위의 각 항목은 사실 분리된 것이 아니라 서로 협력하여 위에서 언급한 로잔의 성격과 근본정신을 나타내야 한다고 본다. '이슬람'이란 제목도 진리 선포, 복음으로 화해, 박해, 시급한 과제, 물질주의 극복하기, 교회의 공동협력 등 모든 분야에 걸쳐서 짚어보아야 할 필요가 있다. 다음 장부터는 그동안 로잔문서에 거론되어온 무슬림 사역에 관해 살펴본다.

02
복음이 미치지 못한 사람들에 대한 도전

　이번 제3차 로잔대회에서 선교의 우선순위를 거론하면서 아직 복음이 미치지 못한 종족에 대한 통계를 제시하며 언급하였다.26) 그러나 랄프 윈터가 제창27)한 것 같은 10/40창 지역을 거론한 것이 아니라 세계 어느 지역이나 복음이 미치지 못한 영역을 우선순위로 중요하게 간주한 것이다.28) 전도로서 충분하지 않고, 복음이 미치지 못한 사람들 UPGs; Unreached People Groups 에게 제자 삼는 사역을 향하여, "무엇이 그리스도의 몸을 위해 우선순위가 되어야 하는가?"란 질문을 제기하면서 선교 지도자들에게 전도뿐만 아니라 제자 삼는 과업을 강조하고29) 이러한 그리스도의 지상 대위임령이 아직도 완수되지 않은 곳을 교회의 지도자들이 급선무로 알아야 할 필요가 있다고 밝히면서 세계 교회가 감당해야 할 복음화의 본질적인 요소들을 우선순위들로 분류하였다.30)

　제3차 로잔대회의 셋째 날 "세계 종교"World Faiths란 뼈대 주제 아래 멀티플렉스 분야Multiplex session에서 토의된 기초 발제문Advance Paper 인 "잊혀진 사람들: 섬기지 못한 '1/4' 세계"Missing Peoples: The Unserved 'One-Fourth' World에서는 우리의 관심에서 빠진 세계의 종족들을 교회가 소홀히 다루고 복음이 미치지 못한 부분을 생각게 하였다. 종족수와 인구에서도 볼 수 있듯이 복음이 미치지 못한 자들 중에 무슬림이 차지

하는 비중이 크다.31) 세계복음화가 진행되어가고 있는 가운데 이 종족의 인구수는 날이 갈수록 많아지고 있는 문제가 있다. 이것은 사실 세계화의 문제인데 슬프게도 세계의 기독교 공동체가 이 부분을 소홀히 해왔다고 보고한다. 이러한 관점에서 이 멀티플렉스 분야 모임에서는 그리스도인들이 놓친 사람들 가운데서 극적인 변화가 일어나는 것을 왜 보지 못하고 있는지, 이러한 부분에 소홀했던 이유가 시간과 자원들을 너무 자신을 위해서만 쏟았기 때문인지, 아니면 우선순위 부족으로 내부적인 신학적 논쟁들에 너무 빠져 있었던 것 때문인지 검토하였다. 이들을 향한 복음화에서의 문제점으로는 먼저 타문화적, 언어적, 사회학적, 종교적 장벽들과 더불어 지리적으로 동떨어진 거리 등을 외부적인 도전으로 들고 있다.

    이 멀티플렉스 분야 모임에서는 이 외부적 도전을 크게 종교적 격리, 박해와 테러리즘 그리고 이민의 세 가지로 분류하였다. 먼저 종교적 격리에 대하여, 개인적인 종교적 권위들 혹은 종교적 공동체들은 기독교의 메시지 때문에 그들이 노출되는 것을 방지하고자 가능한 모든 것을 한다. 왜냐하면, 예를 들면 소말리아인 구도자들은 기독교 라디오 방송에 귀를 기울일 때마다 그들의 삶이 위험에 처하게 된다. 박해와 테러리즘의 도전에서는 테러리즘과 종교 원리주의가 복음의 확산에 대응하는 것인데 그리스도인들에게 가하는 박해가 해마다 16만 5천명의 죽음을 낳는다. 하루에 500명인 셈이다 많은 그리스도인이 그와 같은 박해에 직면하여 주님의 부르심에 충성된 반면에, 다른 그리스도인들은 두려움 때문에 뒤로 물러선다. 그리고 이민의 도전인데 오늘날 3천만이 넘는 정치적인 피난민들우간다나 페루의 총인구와 동등한이 자신의 국가에서 추방당했고, 1천만 명 이상이 다른 나라로 도주했다. 경제적인 피난민도 수백만에 달한다.32)

다음으로는 교회 안의 내부적 도전을 들고 있는데, 교회재정을 복음 전파에 "잊혀진 사람들"missing people을 대상으로 하는 선교에 투자하지 않고 있고, 이들에 대한 정확한 정보와 필요를 제대로 인식하지 못하고 있는 점을 든다. 교회 안의 신학적인 논쟁 때문에 전도에 대한 다른 견해들이 기독교 공동체로 하여금 오해와 분열로 치닫게 하였다. 여기에서 한 가지 부각된 점은 지식상투적인 선교학적 지식과 같은보다는 복종성경을 신뢰하고 말하며 실천하는을 근간으로 하는 제자도가 필수적이라는 것이다. 이를 부연 설명한다.

> "복종하는 제자들을 재생산하는 회중이 그들의 사회를 변혁시키도록 돕기 위해 나타나지 않으면 그때는 우리의 노력들이 부적합할 뿐만 아니라 허울만의 것이라 본다. 예수의 명령은 종족 그룹들의 제자들을 만드는 것이지 주일에 모이는 클럽들을 지어내는 것이 아니다."33)

무슬림 종족들에게 미쳐야 할 도전은 거대하지만, 그들과의 접근을 근본적으로 재고하면서까지, 공동체에서 제자도로서 돌파구들을 찾고자 열렬한 기도를 촉구하였다. 그리고 복음이 가장 미약하게 미친 종족 가운데 사역의 새로운 접근이 필요하다는 것이다. 예를 들어, 성경적 배경을 접해보지 않은 사람들에게 알려줄 성경을 그들이 신뢰하도록 그리스도가 아니라 창조에서 시작하여 이해를 돕는 것이며, 그들에게 설교하거나 가르치는 것이 아니라 새로운 발견을 꾀하는 것 등이다.34)

2004년 파타야 포럼에서는 복음을 듣지 못하고 잊혀진 사람들에게 교회가 어떻게 관련을 맺었는지 그 요소들을 검토해본다. 내재적인본질적인 요소들은, 왜 아직까지 복음이 미치지 못한 사람들이 '감추어진' hidden 사람들이라 불리는지의 이유와 관계되는데 '잊혀진' forgotten 혹은 '무시된' ignored과 같은 용어들은 사실 교회의 태만소홀을 암시한다. 세계 전역의 교회들은 미전도 종족들에 관해 분명히 인식하지만, 그들에게 복음을 나누어야 할 때에 그들이 복음을 받아들이지 않는 이유가 무엇인지를 고심해야 한다. 교회들이 일부 종족들에게 복음을 전할 때마다 복음이 미치지 못하도록 한 요소들을 다음과 같이 나열하였다.35)

첫째, 특별한 기도 초점의 결여이다. 기도가 빠진 자원들, 구조들, 의도들의 모두는 하나님이 의도하시는 효과를 보지 못한다. 기도는 단지 영적인 '축복' 사역뿐만 아니라 하나님이 그분의 교회를 통해 복음이 미치지 못한 사람들에게 '미치도록' 부여하신 사역이라는 것이다.

둘째, 지식의 부족으로 말미암아 교회는 아직까지 복음이 미치지 못한 사람들이 현재도 존재한다는 것을 도전으로 완전히 인식하지 못하고 있다. 우선 복음을 접하지 못한 사람들이 수백만 명이 있다는 현실을 들어보지 못했기 때문이다. 그리고 교회가 하나님이 모든 종족들에게 복음을 제시하도록 부여하신 위임과 책임을 갖고 있다는 것을 스스로 인식하지 못하는 문제이다. 성령이 신자의 마음에 부어져서 대위임령에 대한 열정이 증가되는 것이 필요하다.

셋째, 비전이 부족한 것도 원인이다. 너무 많은 그리스도인이 복음전도의 필요와 위임을 인식하지 못하고 있고, 영적인 무관심 때문에 열정이 부족한 것이 문제이다. 수많은 교회가 너무 자기중심적이고 내부적으로만 치중해서 복음이 미치지 않은 사람들의 호소는 귀에 들어오지 않는다는 것이다.

넷째, 헌신의 부족 문제로 교회들이 복음이 미치지 않은 사람들을 알고 그들에 대해 관심을 두지만 기꺼이 행동으로 옮기지는 않는다는 것이다. 이러한 문제가 생기게 된 이유는 먼저 우선순위를 낮게 매기기 때문인데 지역교회는 생소한 세계에 있는 복음을 들어보지 못한 사람들의 긴박성에 그들의 우선순위를 두지 못한다. 그리고 재정적으로도 희생하려고 하지 않는다. 교회에서 가장 유망한 사람들이 선교로부터 가정사에 관심을 돌리기가 일쑤이며, 신학교 졸업생들의 약 94%가 그들의 본국에 머물며 모든 타문화권 선교사의 85% 이상이 명목상의 그리스도인들 가운데서 일하는 문제도 들 수 있다. 게다가 수난suffering의 문제가 있는데, 아직 복음이 미치지 않은 지역 가운데 설립된 교회를 돌보는 것은 중대한 개인적인 희생 없이는 이뤄지지 않을 것이다. 사실 19세기까지 그리스도인들의 순교를 합친 것보다 20세기에 더 많은 그리스도인들이 순교하였다. 번영과 안정이 교회 내에서조차 가치기준으로 존중되는 시대에 신자들은 그들의 재정과 심지어 인적 자원들을 내줄 수 있을지 모르나 그들의 삶을 기꺼이 드리려고 하지 않는 것이 문제이다.

다섯째, 자원 부족의 문제이다. 일부 교회들은 미전도된 사람들에게 복음을 미치기 위해 취해야 하는 것을 하고자 하는 바람과 자발성은 있으나 교회들이 그 자원들을 갖고 있지 않다고 스스로 느낀다. 재정적으로 자체 운영도 어렵다고 생각하는 것이며, 많은 평신도 그리스도인이 개인적으로나 영적으로 거의 드릴 것이 없다고 믿는다. 이것은 그들의 은사들이 계발되지 못한 것을 보여주는 것이다.

여섯째, 경험의 부족 문제이다. 일단 교회들은 미전도 지역에 선교사들을 어떻게 보내야 하는지를 모른다. 낮은 자기 평가와 두려움의 문제도 있으며 일부 교회들은 선교에 대해 비참한 경험을 가졌기 때문에 미전도 지역에 기꺼이 나가고자 하는 마음을 주저하게 되었다. 그리고 상황화의 부족 문제로 말미암아 증거의 유형이 타문화의 토양을 고려해야 하는 것보다는 자문화를 증거하는 형태를 자주 띤 것이다.

일곱째, 성공에 대한 잘못된 정의들로 선교사의 노력 보다는 분명한 프로젝트들을 성공의 표시와 증거로서 간주하기 때문이다.

여덟째, 선교사들이 스스로 긴장 가운데 처하게 되는 도전인데, 성과 있는 이야기들과 보고서들을 듣기를 원하는 본 교회의 필요를 채우는 것과 새로운 신자들과 타문화권을 충분히 고려하는 사역 사이에서 선교사의 정체성과 사역 보호를 위한 필요성에 중대하게 맞게 되는 것이다.

아홉째, 정체성의 도전으로 그리스도인 일꾼들은 완고한 사람들 가운데서 살아가기 위해 '선교사가 아닌' 정체성을 취하도록 요구된다. 어떻게 기독교 사역자가 정직을 유지하면서 기독교 사역자들을 금지하는 국가들에서 일할 수 있을까 하는 윤리적인 문제이다.

2004년 파타야 포럼에서 안겨준 또 다른 중요한 도전은 신학적 도전이다.36) 세계복음화를 위한 효과적인 신학 교육이 어떻게 이행될 수 있는지에 대한 수많은 도전이 있었다. 이 도전들은 교육이 일어나고 있는 상황과 지역에 따라 다르다. 교단 부서, 선교기관, 신학교, 성경학교의 지도자들 그리고 지역 회중이 오늘날 직면하고 있는 도전 중에서 특히 상황적이고 문화적인 쟁점들로 제기되는 문제가 있다. 첫째, 교육하는 기관이나 교회가 선교의 성경적 이해를 갖고 있지 않고, 마치 포용주의 inclusivism 37)처럼 점점 더 그들 주변의 세속적 문화를 받아들이고 있다. 그와 같은 태도나 신앙 교육 제도가 주입될 때 세계복음화는 매우 어렵게 된다. 둘째, 학생들은 그들의 교사들과 멘토들의 행동범위와 가르침을 배우고 있는데, 정작 지도자들은 선교적이라고 의미하는 어떤 복음전도적인 모형을 만들려고 하지 않는 문제이다.38) 그 외에 만일 성경을 공부하는 것이면, 그것은 예수의 선교 시각에서 연구될 필요가 있다고 라이트가 지적하였다. 또 하나의 지적은 신학대학들과 학교들이 그들 주변 세계의 상황으로부터 소외된 경향이 있다. 교수, 학생들, 직원들이 한 환경에서 사는 것이 좋게 보이지만 그와 같은 환경이 기독교 사역의 실제들, 즉 잃어버린 영혼들에게 복음 선포자가 되도록 학생을 준비해주지 않는다는 것이다. 또한 신학 교육 제도를 인준하는 기관과 신학교의 방향이 서로 맞지 않는 문제와 비그리스도인에 의해 개방된 기관에서는 기독교 신학 교육이 금지되거나 억제될 수 있다. 한편, 가난도 세계복음화를 위한 효율적인 신학 교육에 도전을 줄 수 있는 요소일 수 있는데, 이 문제는 먼저 자료도움이 되는 책이나 가르치는 자료들의 부족을 의미할 수 있다. 기독교 교육가들에게 오늘날 직면하는 많은 도전이 있건만 교회들, 기관들, 개인들이 이러한 변화를 빨리 받아들이지 않는다. 그러나 이러한 변화들이 급속도로 일어나면 온 세계가 온전한 복음을 들을 수 있으리라고 희망한다.39) 정식의 신학기관들 내부에서 특별히 세계복음화가 일어나도록 하기 위한 효과적인 교육을 위해서는 문화인류학에 적용된 선교학에 더 큰 강조점을 두고 상황화에 대한 선교적이고 상황적인 훈련에 초점을 두어야 한다.40)

　지금까지 로잔문서에 나타난 대로, 복음이 미치지 못한 사람들에게 그리스도인이 어떠한 차원에서 접근해야 할 것인지를 가설로 삼으며 그들에게 아직까지 미치지 못하는 이유와 문제점들을 살펴보았다. 다음 장에서는 기독교 사역자가 그들에게 복음을 미치는 과정에서 빚은 방법론의 문제들을 1978년 콜로라도 대회와 1980년 파타야 회의 등의 문서 기록을 통하여 살펴보고자 한다.

03
콜로라도 대회[41]

    1978년 10월 15~21일 무슬림 세계를 향한 북미 그리스도인들의 책임을 더듬어보며 한 주간의 대회가 미국 콜로라도주의 글렌 아이리Glen Eyrie에서 개최되었다.[42] 글렌 아이리 무슬림 복음화에 관한 대회The Glen Eyrie Conference on Muslim Evangelization는 북미 로잔위원회North American Lausanne Committee와 월드비전 인터내셔널World Vision International 공동으로 발기되었다. 이 대회는 1차 로잔대회1974로 시작된 연속체의 부분이다. 이 대회가 개최되기 전부터 6개월 동안 40편의 글이 준비되었는데, 그들의 중심요소는 복음과 문화, 타문화권에서 무슬림에게 복음 전달, 무슬림의 마음에 성육신적 삶을 통한 증거, 무슬림 개종자, 이슬람으로부터 개종해오는 과정에서 능력대결, 상황화의 토착화, 무슬림 복음화의 새로운 식학적 접근, 무슬림들의 거부 혹은 수용에 대한 분석 등이었으며, 오늘날 그리스도인이 이슬람과 마주치는 부분들로는 이슬람 신학, 민속 이슬람, 여러 대륙과 국가에서 기독교와 이슬람의 상대적인 위상, 무슬림들을 위한 기독교 문서, 무슬림 언어로 성경 번역, 무슬림들을 위한 라디오 방송 등의 현재 위상에 대해 준비했으며, 또한 무슬림들 가운데 선교사의 효과적인 사역에 필수적이라고 여겨지는 구체적인 응답들을 정의한 것들로 영적 갱신의 요청, 무슬림 복음화를 돕기 위한 새로운 도구의 개발, 연구센터의 네트워크 설치, 전략 계획의 가치와 방법론, 무슬림 국가에서 자비량 사역, 북미의 중추적 본부의 필요, 복음전도에 적절한 대화, 무슬림 선교를 위한 새로운 저널의 필요, 무슬림 복음화의 동반자로서 식량과 위생, 무슬림 세계를 향한 하나님의 구속적인 계획안에서 지역교회의 역할, 무슬림 여성과 가족에게 그리스도인의 접근, 미전도 종족에게 미치기 등의 주제였다.43)

이 대회 첫날 부문의 요지는, 왜 무슬림 복음화가 잘 되지 않고 있는가 하는 질문과 더 깊이 들어가서 제기된 질문은 왜 북미의 불과 2퍼센트만이 이러한 사역에 가담하며 이슬람과 문화에 대해 제한된 이해를 가지는 것과 왜 그들이 무슬림에게 복음을 전달하는 데 부적합하고 비효과적인 방법들을 고집하며 계속 쓰고 있는가 하는 것이었다. 이 부분에서 선교사 개인의 깊은 회환과 뉘우침을 가지게 되었으며 이러한 개인의 실패는 교회의 커다란 비극을 반영하는 것이라고 보았다.

사실 수세기 동안 서양이나 동양 할 것 없이 그리스도인들은 너무 쉽사리 무슬림들을 향해 반감을 가져왔고 그들에게 예수 그리스도를 나누어야 하는 의무감을 소홀히 함으로써 그 감정을 표현해온 것이다. 무슬림들을 사랑하지 못했고 그들을 우리 자신과 같은 사람들로 여기려는 노력을 거의 하지 않은 것이다. 무슬림들의 내적 필요그리스도에 의해서만 만족될 수 있는를 앎에도 불구하고 그들과 그리스도를 나누지 않고 물러선 것이다. 그리고 신중한 계획 없이 선교사역을 그들 가운데 펼쳤고 이는 무슬림 사회에서 그리스도인의 존재에 대한 문제를 한층 드러냈다. 더군다나 이슬람의 문화에 대해서는 비판적이면서도 기독교의 문화가 결함이 있다고는 생각지 못하는 자만과 자민족 중심주의에 빠져 있었다.

이러한 견지에서 이슬람 신앙의 성격에 대한 새로운 각성이 그리스도인에게 있어야 함을 보여주었다. 이슬람의 믿음은 무슬림들의 삶의 모든 면에 미치는 반면에 북미 그리스도인들은 성경적 계시 보다는 서구화된 메시지를 전했다. 게다가 복음주의자들은 이슬람의 세계 눈앞에서 도전을 받으면서도 그리스도인-무슬림 관계가 더 나아지도록 개발하는 것이나 사회봉사에 가담하는 것을 제한하였다고 본다.44)

이러한 점에서 전적으로 새로운 접근과 새로운 대화의 유형이 필요함을 이 대회를 통해 절감하였다. 이 대회는 빈약한 변증 패턴을 벗어나서 성경뿐만 아니라 꾸란을 통하여 무슬림과의 대화를 재개할 필요가 있고, 서양의 예수를 무슬림 문화에 불쑥 끼워 넣는 식이 아니라 그들의 필요에 부응하는 예수를 발견하며, 우정전도를 능숙하게 다루는 접근으로 무슬림을 사랑하며 접근해야 한다고 지적하였다.45) 결론적으로 효과적인 무슬림 복음화는 이슬람 문화에 대한 겸손한 존경심을 통해서 이뤄질 수 있으며, 위의 사항들을 해결하는 열쇠들을 사용하고자 찾으면서 자국의 그리스도인들과 서구 선교사들 간의 상호간 의사소통과 지각 있는 상호의존의 유형을 신중히 채택함을 통하여 이뤄질 수 있다고 보았다.

가끔 사람들은 복음이 잘못되었다고 생각해서 저항하는 것이 아니라 복음을 그들의 문화에 하나의 위협으로서 인식하기 때문에 저항하는데, 특별히 그들의 사회 구조와 부족의 결속 때문에 그렇다고 보게 되었다. 이러한 면에서는 복음을 전하는 자들이 지역 문화에 대한 깊은 이해를 개발할 필요가 있고, 그것에 대한 진정으로 존중하는 자세가 필요하다. 이는 모든 문화의 특색이 그리스도의 주권과 맞을 수는 없으므로 그 문화가 위협을 받거나 폐기되기 보다는 보존되고 변형되어야 할 필요가 있다는 것을 말해준다. 이를 위해 선교사는 그 문화에 대한 인식이 급선무이다. 1974년 7월의 로잔대회에서 주목받은 것 중의 하나가 복음을 전달하는 것이 인간 문화에서 격리될 수 없다고 하는 것이었는데, 왜냐하면 복음은 문화를 통해 선포되어야 하기 때문이라 하였다.46) 제1차 로잔대회 참여자들의 주된 관심은 복음주의 선교사역에서 '죄스런 개인주의와 불필요한 복제'를 지탄하며 이를 끝내는 것이었는데, 사실 무슬림 복음화에서 규범적인 접근이라는 것은 없다. 왜냐하면 모든 상황이 독특하고 그 자체로 검토되어야 하기 때문이다.

제1차 로잔대회와 글렌 아이리대회는 참여자들에게 하나님의 지도를 받으며 그분의 영광만을 위해 수고를 해야 하며, 겸손하게 행동해야 하고, 어떻게 선교를 행해야 할지를 확실히 알아야 한다는 것을 보여주었고 무슬림 세계의 복음화에 대해 전략적으로 생각해야 할 의무를 부여해 주었다고 할 수 있다. 반면에 참여자들이, 세계복음화에 대한 전략들의 개발이 무궁무진한 방법을 필요로 한다는 것에 주목하기 보다는 반성과 고찰에서 더 깊게 들어가지 못한 아쉬움이 있다.

글렌 아이리 보고서The Glen Eyrie Report는 종교의 자유에 대해 말한다.

"우리는 무슬림 세계 전역을 통하여 흩어져 있는 종교적 자유의 행사를 제한받는 그리스도인들의 곤경을 고려해야 했다. 그들 중의 많은 사람이 공중예배, 종교 교육, 사회활동을 위한 건물들을 획득하거나 세울 권리를 거절당했다. 이러한 제한들은 이슬람법과 정반대였다. 그러나 실제적으로 이 차별대우는 단지 거대한 동시대의 문제-무슬림과 그리스도인은 둘 다 세계 여러 지역에서 그들의 인권을 인정받지 못하고 있는-의 일부일 뿐이다. 둘 다 불안전함을 안다. 둘 다 그들의 존엄성을 보호하고 그들 특유의 종교를 행사하고 그들의 믿음을 전파할 자유를 필요로 한다. 우리가 납득시키고 납득될 완전한 권리를 위해 다투고 이 자유의 방식에 서있는 모든 것에 지탄하는 대신에 우리는 그들의 인권을 얻기 위해 노력하는 무슬림 이웃들에게 우리가 지원해야 할 의무에 대해 너무 자주 인식하지 않았다는 것을 고백하지 않을 수 없다. 우리는 무슬림 국가들의 조처가 그들이 존경하기로 동의한 것에 따라 유엔의 세계인권선언문47)에 점점 더 힘을 쓰도록 기도한다. 인종, 성, 언어, 혹은 종교에 관해 구분 없이 모두를 위해 인권과 사상, 양심, 종교 혹은 신앙의 자유를 포함한 근본적인 자유들을 놓고 말이다."48)

마지막으로 예수 그리스도의 이름을 부르기 때문에 박해가 가해지는 것이라면, 기독교 개종자들이 그들의 땅이나 생계로부터 추방당하거나 박해를 당한다 해도 사도 바울의 고백-"누구든지 이 여러 환난 중에 요동치 않게 하려 함이라 우리로 이것을 당하게 세우신 줄을 너희가 친히 알리라 우리가 너희와 함께 있을 때에 장차 받을 환난을 너희에게 미리 말하였더니 과연 그렇게 된 것을 너희가 아느니라"살전3:3~4-에서 박해를 견디어야 할 이유를 확인할 수 있다.

글렌 아이리 보고서는 여섯 가지 대응책의 개략적 보고로 참여자들을 격려하지만 무슬림 세계의 복음화를 완성하려고 실행에 옮기는 교회는 구체적인 대안이 앞날에 필요할 것이라 하며 구체적인 대안을 제시하지는 않았다. 그 보고한 대응책은 다음과 같이 요약할 수 있다.

첫째, 인간의 권리에 관한 문제인데, 무슬림과 기독교 종교 단체들이 여러 형태의 위압, 특히 종교를 바꾸거나 바꾸지 않아야 할 자유를 사람들에게서 빼앗는 것으로서 인간의 자유를 침해하고 있다면, 인권에 관한 국제적인 그리스도인-무슬림 사무실을 설치하여 서로 간 고충들을 들어보고 조사하여 관심 있는 단체들을 통해 시정하도록 권면하는 방안이다.

둘째, 중심적인 자료와 연구센터를 세워서 모든 무슬림 미전도 지역 사람들의 위치, 특성, 규모에 대해 타당한 정보를 폭넓게 모으는 것이며, 이 자료센터는 북미의 모든 신학과 선교사 훈련 학교들에 이슬람학 코스들을 강화시키고 무슬림 선교에 관한 기초 코스 요목과 교재를 준비하도록 장려하는 것이다.

셋째, 아직도 개발되지 않은 것인데, 지역교회 목회자들과 지도자들이 이슬람에 관한 새로운 인식을 위해 동기를 부여하고 훈련하는 일에 관심을 집중토록 하는 것이다. 무슬림들에게 복음을 소개하기 위해 새롭고 더 적합한 복음전도 방법들을 그들과 함께 발달시키고 다듬도록 해야 하는 것이다.

넷째, 의사소통에 관한 개발 문제로 읽고 쓸 수 없는 무슬림들을 위해 시인, 가수 혹은 영창자가 돕고 복음과 성경 이야기들을 통해 의사를 전달하도록 하게 할 수 있다. 그리고 무슬림 여성과 어린이들을 위해서는 특히 집안에서 가정을 중심으로 하는 여성이나 아동의 의미 있는 활동들을 공급하는 것이다.

다섯째, 교회개척과 회중 안의 개종자들 문제로 그리스도께 무슬림들을 데려오는 것에 관심을 가진 교회들만이 개종 후에 그들에게 일어나는 것에 관심을 가질 것이라 본다. 그러나 이슬람 국가의 제한이 가해지는 곳에서는 별도로 무슬림 개종자 교회들을 발전시키는 것을 제안한다. 이 회중은 초기의 예배 유형들의 자연적인 표현에서 문화적으로 적합한 예배의 형태들을 점차적으로 발전시키도록 격려를 받을 것인데 이 유형들은 성경적인 가르침에 맞을 것이라 보고 그리스도인에게 주어진 자유를 일부러 과시하거나 혼합적인 신앙이나 품행을 믿는 자들이 부주의하게 가담하지도 않도록 주의를 기울이는 것이다.[49]

여섯째, 신학적인 연구에서는 복음의 상황화와 이슬람 문화 가운데 있는 교회에 대한 다방면에 걸친 신학적 반영을 인식하면서, 무슬림들을 복음화하는 임무에 관련한 이 회의에서 제기된 많은 신학적인 쟁점들에 대해 센터가 조직적인 탐구를 착수하도록 신학적인 연구그룹의 형성을 고무한다. 이것은 기독교와 이슬람 간의 통상적인 어떠한 교리를 다루는 차원이 아니라 중요한 신학적인 어휘에 관한 비교연구를 하는 것이다. 예를 들어, 하나님, 창조, 선지자들, 희생, 하나님의 말씀, 심판, 사단, 천국과 지옥, 동정녀 탄생, 치유사역 그리고 예수의 재림, 남성과 여성의 감지된 욕구felt needs 그리고 주님의 기도와 같은 개념들을 포함하는 것이다. 그리고 인간 구속의 필요, 십자가의 중요성, 대리적 속죄, 삼위일체, 성육신, 종교적 용어, 역사와 그것의 정치와의 연관된 의미, 성경의 완전성, 이슬람의 가족과 사회적 압제 그리고 참 기독교 공동체를 구현하기 위한 교회의 흔한 실패 배후의 이유들을 포함한다. 이것도 연구소에서 할 일이다. 그리고 민속 이슬람과의 중대한 접촉점들도 포함한다.50)

교회들은 개종자들의 예배드리고자 하는 바람을 살펴서 그들의 회중과 조화를 통해 의미 있고 효과적인 유형을 갖추도록 알려주어야 한다고 본다. 기타 실제적인 제안들이 회의 끝 무렵에 있었으나 지속될 위원회에 회부하기로 하였는데, 이는 선교사와 평신도 지도자 훈련에서 흑인 무슬림들, 이민자들 그리고 국제 학생들 가운데 복음전도의 임무를 포함하는 문제들까지 포함하였다.51)

글렌 아이리 보고서는 우리 그리스도인으로 하여금 무슬림 세계 사람들에게 예수 그리스도를 알리는 과업에 마음, 혼, 의식 그리고 자료들을 총동원하여 애써야 할 개인과 공동의 책임을 다시금 느끼게 하였다. 그리스도인은 무슬림 친구들과 이웃들을 용서하고자 하는 바람을 가짐으로 그들에 대한 우정과 사랑을 보여줄 것을 요청하였다. 중요한 것은 의사소통을 통해 납득이 되도록 그분의 구원을 증거하고, 긍휼로 봉사하며, 우호적으로 살고, 모든 방도로 하나님의 경계 없는 은혜를 무슬림들과 나누게 함이었다.52)

위와 같이 1차 로잔대회의 주된 관심에 추가된 1978년 글렌 아이리 보고서의 요점을 살펴보았다. 다음으로 1980년에 열린 파타야 로잔회의에서 다뤄진 무슬림 복음화에 대해 살펴본다.

04
파타야 회의

무슬림 사역에 대해 두 번째로 중요한 회의가 "무슬림을 향한 그리스도인의 증거"Christian Witness to Muslims란 주제로 태국 파타야에서 열렸다.53) 이 회의에 참여한 70인은 26개 국가에서 왔는데 그들 중의 많은 사람이 무슬림 세계에 있는 국가에서 참여했다. 이 회의는 1974년의 로잔대회와 1978년의 콜로라도 스프링스에서 있었던 로잔 회의로 말미암아 도움을 입은 것으로서, 무슬림을 향한 그리스도인의 증거에 대한 접근과 관련하여 우리 그리스도인이 고려할 필요가 있는 다섯 가지의 확신과 강조점을 논한다. 이 강조점 중의 일부는 새로운 것이 아니다. 새로운 것은 이 강조점이 함께 모아져서 최근에 결성되었다는 데에 있다.

1980년 파타야 회의Pattaya Consultation는 다음의 다섯 영역에서 무슬림을 향한 우리 그리스도인의 증거에 강조해야 될 점들을 각각 살펴보고 서로 연관시키고자 하였으며, 일부 강점들과 있을 수 있는 약점들, 한계점들에도 주의를 기울이고자 하였다.54)

첫째, 교회는 늘 성장해야 한다. 전도에서 성공은 응답하는 사람들의 수로 측정될 수 있어야 한다. 예를 들어 복음에 거의 응답이 전혀 없으면 복음을 전달하는 데 어떤 실패가 있었다고 결론지어야 한다.

둘째, 개인보다는 미전도 지역 종족에 접근해야 한다. 무슬림 복음화에 적용해 볼 때 모든 무슬림은 미전도종족의 범주에 들어있다. 미전도 종족을 통한 접근의 어떤 분명한 강점들은, 우리가 무슬림 미전도 종족을 서로에 대한 공통의 친화력을 가진 사회학적인 무리로 볼 수 있고, 많은 무슬림 종족 중에 어떤 무슬림 종족이 더 복음이 잘 미칠 수 있는지를 볼 수 있도록 돕고, 종족의 의견 결정권자인 원로 그룹에 접근을 시작하며, 개인 개종자들을 사회에서 뽑아내는 대신에 종족이 함께 그리스도를 긍정하는 신자들의 공동체에 남음으로 사회적인 이탈을 피하도록 돕는다. 또한 그리스도인이 되는 것이 필연적으로 자기 자신의 문화적 체제를 떠나는 것을 의미하지 않는다는 것을 보여주며, 개인의 문화적 이탈을 피하도록 돕는다. 신자들의 그룹은 그들의 공동체 안에서 성령의 은사를 체험하며 다른 사람들에게 영향을 미칠 수 있다.

셋째, 만일 어떤 특정한 접근이나 방법에 거의 반응이 없으면, 다른 장소로 이동하거나 다른 접근을 시도하는 것을 심각하게 고려해야 한다.55)

넷째, 다른 문화에 대해 훨씬 더한 존경심을 가질 필요가 있다.56) 무슬림 가운데 있는 많은 그리스도인이 1978년 11월에 콜로라도 스프링스 컨퍼런스Colorado Springs Conference에서 제기된 질문들인 13개의 기초 논문Foundation Papers 중에서 무려 7개(복음과 문화, 타문화권에서 복음의 전달, 무슬림 개종자와 그의 문화, 무슬림 사회에서의 역동적 등치Dynamic Equivalence 57) 교회들, 상황화, 토착화, 변혁Transformation)가 문화에 관련된 질문들을 다루고 있다. 이슬람 각 문화의 일면은 따로 고려되어야 한다. 왜냐하면 기독교 세계관례를 들어, 음악 · 서예 · 무슬림 상속법들 · 확대가족 내의 관계형성과 분명한 갈등이 없다는 의미에서 참으로 중립인 영역들이 있으며, 한편으로는 무슬림과 그리스도인의 삶의 방식예를 들어, 그리스도인의 일부일처제주장과 이슬람의 네 아내까지 허락하는 것 간의 엄청난 간격)분명한 차이가 있는 영역들이 있다. 그리고 무슬림과 그리스도인의 문화적 형태들예를 들어, 무슬림 세계관에 의해 이슬람의 예술이 깊게 공지되어 있기에 그와 같은 예술의 형태들이 순전히 '중립적' 이라고 무비판적으로 추정할 수 없는 간에 감추어진 차이들도 있을 수 있다. 그리고 그들의 예술 형태들에 심오하게 영향을 끼치는 그리스도인과 무슬림의 세계관들에 차이들이 있을 수 있다는 것을 인식하는 것이다. 이러한 상황에서 이슬람의 문화를 전적으로 반대하거나 일종의 판단을 내리기 보다는 하나님의 말씀 아래 함께 앉아서 찾아보며 그 말씀이 문화 안에서 모든 것을 판단하시도록 하는 것이다.

다섯째, 주의 깊게 계획할 필요가 있다. 계획을 세우는 과정에서 어느 누구나 봉착하게 되는 문제들은, 무슬림 세계에서 무슨 일이 실제적으로 일어나고 있는가? 무슬림들이 말하고 생각하는 것, 특히 그들의 믿음과 그들이 직면하는 가장 중요한 삶의 문제들에 대해 그리스도인이 귀담아 들을 방도를 찾을 수 있을까? 무슬림 세계의 많은 국가에서 일어나고 있는 정치적 변화들의 중대성은 무엇인가? 이러한 변화들이 그리스도인 소수민들과 전통적인 선교사 기관들에게 어떻게 영향을 미치고 있는가? 무슬림 국가들에서 이미 설립된 교회들의 즉각적인 필요들은 무엇인가? 어떤 종류의 지원이 되는 사역을 그들이 필요로 하는가? 복음이 미치지 않은 사람들에게 의사전달하기 위해 미치는 데 가장 좋은 사람들은 누구인가? 이 책임을 감당할 사람들이 자국민이라면 그들이 무슨 자원을 필요로 하는가? 만일 그들이 국외로 추방된다면 무슨 자격으로 갈 수 있을까? 무슬림 세계에서 타문화권에 복음을 증거하고자 하는 어느 누구에게나 필요로 하는 특별한 자질들은 무엇인가? 일부 자원들사람, 기금, 혹은 물질들은 어떻게 전해져야 하는가?58)

무슬림 세계에 복음을 증거하는 데에 이러한 질문들을 적용하기 위한 시도는 우리 그리스도인에게 주어진 임무에 대한 다른 접근들에 대해 더 깊은 회고와 토의의 필요성이 있음을 확신시켜주었다.

무슬림 상황들에서 그들에게 새로운 접근을 시도하려면 지역교회에서 훈련이 요청되는데, 교회는 개인과 전문가를 훈련해야 한다. 전도의 과업을 위해 온 교회를 동원하는 것보다 더 중요한 것은 거의 없다. 훈련의 단계에서 중요한 것은 무슬림들과 만나는 어느 누구나 그들을 향하여 적합한 수준의 훈련 프로그램을 만들어내야 한다는 것이다. 우정의 기술에서는 기초적인 훈련들의 일부를 다시 배울 필요가 있다. 그리고 교회들은 이슬람의 믿음과 삶의 필수적인 사항들을 가르쳐야 하고, 훈련의 과정이나 앞으로의 훈련 기회들을 위해 개인이나 가족들을 곁에 두고 격려하며 무슬림 개인이나 그룹에 성경을 어떻게 사용해야 되는지를 배우는 것이 중요하며 무슬림 개종자들의 경험을 통해 배우는 것이 중요하다. 더불어 이러한 사역에 특별히 은사가 있는 사람들이라고 자처하며 은사를 보이는 사람들이나 이러한 분야의 전문가에게 더 깊이 있는 훈련의 기회들이 주어지도록 해야 한다. 우리의 믿음을 다시 생각하고 재진술하는 요청예를 들면, 하나님의 유일성, 타락한 창조물로서의 인간, 예수의 인격, 죽음과 대속, 성경의 권위와 같은 내용으로 말이다.

무슬림에게 귀를 기울이면서 우리는 무슬림들이 이해하는 방식으로 우리 자신을 표현하는 것이 얼마나 어려운가를 깨닫기 시작한다. 우리의 믿음을 이해하는 새로운 방식들을 배우고 그것을 무슬림의 생각에 관련짓기 위해서는 성경으로 돌아가야 할 것이다. 꾸란은 무슬림과의 토의에서 사용되어서는 안 되고 (사용하면 그것이 성경과 동격으로 영감된 말씀으로 우리가 받아들이는 것을 내포하기 때문이다)[59] 무슬림이 믿는 것을 알기 위해 그리고 무슬림의 용어들을 배우기 위해 연구되어야 한다. 물론 꾸란을 통해 예수와 선지자들에 관한 언급들로 대화를 하는 것은 좋은 출발점이 될 것이다. 그리고 변증의 차원에서 성경에서 언급하는 비슷한 얘기들을 통하여 꾸란 자체의 모순과 취약점을 밝히는 방법도 있다. 이러한 경우에는 꾸란의 사용이 권장된다.

돌봄과 섬김에 대한 요청에서는 봉사에 대한 성경적 이해를 먼저 확실히 해야 한다. 복음을 전파하고 개종자를 얻기 위해 인간의 필요(물질이나 건강 등)를 만족시키려고 노력해서는 안 되며, 그들의 영혼을 사랑하는 마음으로 접근해야 한다. 복음 선포와 봉사를 분리한다는 것이 불가능한 이유는 신체적이고 물질적인 필요를 영적인 필요에서 분리할 수 없기 때문이다. 예수의 복음이 전 인간을 위한 것눅4:16~19임을 믿으며, 심지어 극심한 제한 가운데서도 그리스도인은 우리가 섬기는 그 분의 이름을 증거하기 위해 참 우정과 사랑하는 섬김의 맥락에서 가능하리라 믿는다. 이것은 우리의 삶과 사역의 질, 그리고 대화 가운데 자연스런 열림을 통해 이뤄질 수 있다. 우리 그리스도인은 활발하게 그의 믿음을 전파하려 하는 무슬림을 존중하면서 대화에 들어가는 것을 기꺼이 하여야 한다. 기독교와 이슬람은 선교적인 종교이기 때문이다. 실제 효과에서 모든 봉사와 복음 선포에 전인적인 팀 접근을 개발할 필요가 있다.

복음전도자의 사역을 다른 실제적인 기술들을 가진 사람들의 사역에서 격리해서는 안 된다. 선교사는 세속의 직업을 가진 그리스도인과 매우 가까이 사역할 필요가 있다. 복음이 인간의 모든 종류의 필요에 미쳐야 하기 때문에 우리의 복음 선포와 봉사는 공동체의 맥락에서 실행되어야 한다. 이와 같이 예수 그리스도 안에서 행해진 봉사가 복음화에 전인적인 접근의 부분인 병원, 학교, 다른 복지기관에 계속적으로 필요하다. 그리스도인은 교회에 의해 조직된 행사에만 가담할 것이 아니라 교회와 관련이 없는 프로그램에도 기꺼이 가담해야 한다.

그리고 새 신자들을 위한 제자훈련에 특별한 돌봄과 주의를 기울여야 할 필요가 있다. 이러한 가르침은 가능한 대로 가정의 맥락에서 행해져야 하며, 이들에 대한 돌봄은 그들의 복지의 모든 일면에 대한 돌봄까지 포함해야 한다. 교회들은 이러한 영역에 대한 그들의 책임을 인식해야 하며 온 교회가 이들이 겪는 고초를 함께 기꺼이 나눌 필요가 있다.

대화의 필요성에 관해서 하나님과 화해하고 그분과 교제 가운데 살도록 초대하는 것은 그리스도인과 교회의 의무이자 특권이다. 신약성경에서 '대화' dialogue란 단어는 종종 진리에 관해 상대방에게 납득시키기 위해 행해진 담화conversation를 의미한다.행17:2, 18:4 대화는 기독교 선교의 빠뜨릴 수 없는 부분으로 예수 그리스도, 길, 진리 그리고 삶에 관해 말해야 한다.60)

이슬람 세계에서 실천으로 옮기기 위한 로잔언약의 가장 성가신 영역 중의 하나가 '자유와 박해'로 정의를 향한 사역이 요청된다. 세계인권선언문The Universal Declaration of Human Rights 61)에서 공포한 대로 하나님의 뜻에 일치하여 종교를 실천하고 전파할 자유가 있다. 그리스도인은 온 세계 교회가 모든 형태의 압박과 사회적 부정에 대항하여 말할 필요가 있음을 인식한다. 만일 우리가 대표적인 교회 조직체들WCC나 WEA와 같은, 독립적인 교회 기관들, 혹은 세속적인 조직체들예를 들어 Amnesty International을 통해 정의와 권리를 주장할 수 없다면 우리는 무슬림과 그리스도인 커뮤니티 둘 다를 대신하여 이 관심들에 목소리를 낼 다른 효과적인 수단을 탐구할 필요가 있다.62)

05
파타야 포럼

2004년 파타야 로잔포럼에서 "박해받은 교회"The Persecuted Church란 쟁점 논의63)의 모임에서 이슬람, 힌두교, 공산주의자, 세속주의의 상황이 거론되었는데 이슬람의 상황을 보면, 세계 전역에 그리스도인의 주된 박해자들이 무슬림인 것으로 드러났다.64) 실제로 오픈 도어스 월드 워치 리스트Open Doors World Watch List의 2011년 통계를 보면 핍박 순위 1순위부터 10개의 핍박국가들 중에서 이슬람 국가가 8개이란, 아프가니스탄, 사우디아라비아, 소말리아, 몰디브, 예멘, 이라크, 우즈베키스탄를 차지한다.65) 이는 2004년 통계의 4개 이슬람 국가사우디아라비아, 투르크메니스탄, 몰디브, 이란보다 배로 증가한 것을 보여준다.66)

세계가 변화하는 상황에서 2004년 파타야 로잔포럼에서도 무슬림 사역의 실패에 대한 질문을 던졌다. 1978년에 글렌 아이리 보고서는 무슬림들을 향한 선교사역에 관하여 숙고하기 위한 질문들을 하면서, 교회가 무슬림들에게 복음을 전하는 데에 많은 실수들을 했다는 것을 깨달았다고 본다. 왜 이슬람과 무슬림들이 복음을 그렇게 빈약하게 이해했는지, 왜 그렇게 부적합하고 비효율적인 방법들이 복음 전달에 사용되었는지에 관하여 질문은 찾았으나 그 당시에 어떻게 무슬림들이 그리스도께 나오는지에 관한 유용한 정보가 거의 없었다. 30년이 지난 지금 무슬림들에게 복음 증거를 하고는 있지만 이 과업은 점점 더 온 교회

에 주어지는 도전이요 압박이 되었다.67)

2004년 파타야 로잔포럼에서 방법론의 진전으로 나타날 수확을 위한 열쇠는 상황화에 있다고 보았다. 외국인 위주의 외부에서 강요된 교회와 문화를 수입하는 모델들보다는 각각의 분명한 문화 안에 선교지에서 무슬림들이 복음을 듣고 그리스도를 믿는 믿음으로 어떻게 돌아서야 하는지에 관한 더 큰 이해가 있게 되었다. 이러한 새로운 열매가 있게 되는 더 깊은 요인은 그리스도를 받아들인 후에 무슬림 배경 신자들의 특별한 필요, 즉 그들에 대한 돌봄과 제자도에 대하여 우리 그리스도인이 점점 더 이해가 자라는 것에 있다고 보았다.68) 무슬림들은 더는 복음으로 미치기에 어려운 미전도 종족들로 제한된 저 너머에만 있는 것이 아니라, 집단 이주의 영향으로 그들은 그리스도인에게 가까운 이웃이 되었다. 이와 같이 무슬림들을 이해하고 그들과 관계하는 것은 그리스도인들에게 꼭 필요한 사항이 되었다.69)

자생적인 무슬림 전도의 성장으로 최근 수십 년 사이 많은 복음 공동체들이 무슬림들의 상황에서 그들 자신의 자국민 리더십과 함께 발전해오고 있다. 이것은 무슬림들을 향한 기독교 선교의 특성을 변화의 바람을 일으키는 것이다.70) 한편, 이슬람의 운동은 무슬림의 믿음과 이슬람의 힘을 회복시키기 위한 세계 전역의 경향이며 이슬람의 부흥 프로그램은 비무슬림들에게 하는 다아와da 'wah; 이슬람의 선포의 활발한 수행을 포함한다. 그리고 샤리아 조건 아래 처한 교회들에게 오랫동안 익숙하지만 그리스도인들의 이슬람을 향한 선교운동은 전체 교회에 중대한 도전이 되고 있다.71) 이슬람주의의 위기에 관해서인데 이란은 열광적인 이상주의로 선도된 이슬람 혁명을 치렀으나 지금 다음 세대 중에는 이슬람주의자 이상들을 향하여 냉소를 보내고 있다. 이것은 복음에 대해 전례 없는 기회들을 만들어내고 있다.72)

더 깊은 이해를 위한 운동이 필요한데 이슬람에 대해 혼동하는 풍토가 있다. 이슬람과 무슬림들의 공개적인 단평윤곽이 떠오르면서 교회에서 이슬람에 대해 알고 무슬림들을 더 잘 이해하려는 관심이 증가하고 있다. 이것은 많은 그리스도인들이 무슬림들과 관계를 개발시키고 그들의 믿음을 나누고자 하는 바람들을 일깨우는 것이며, 무슬림들에게 복음을 미치는 데에 진보를 위한 많은 활기찬 기회들을 만들어 내는 것이다.73)

장벽들을 극복하기 위한 새로운 방법들로는 20세기에 일어난 많은 발달들이 과거의 어느 때보다도 무슬림들에게 복음을 듣게 하는 데 훨씬 더 쉽게 만들었다고 본다. 이들은 라디오, 텔레비전, 인터넷 등을 포함한 매스미디어의 영향과 더불어, 그들을 지원하는 국제적인 동원과 함께 국가적인 재난들에 대한 반응으로 사람들의 대중 운동, 무슬림 국가들에서의 집단 이주, 세계 전역의 학생들과 사역자들의 운동을 통한 폭넓게 퍼져있는 문화적이고 교육적인 변화들을 포함한다.74)

이러한 정황에서 2004년 파타야 로잔포럼에서는 다섯 가지 영역의 행동을 취할 것을 방향제시하였다. 무슬림들에게 복음을 미치기 위한 핵심 사항들은 다섯 영역과 관련된다.

1) 훈련신학적 교육을 포함한, 2) 무슬림들에게 복음을 미치기 위해 그리스도인들, 지역 교회들 그리고 단체를 동원하는 것, 3) 무슬림 문화들에 복음을 상황화하는 것, 4) 선교에 대한 장애들과 위협들을 극복하는 것, 5) 무슬림 배경 신자들을 돌보는 것 등이다.75)

무슬림 사역에서 상황화의 도전을 고려하면서, 진리를 보수하고 복음의 메시지를 어떻게 효과적으로 증거할 것인지 그리고 신학적, 역사적, 성경적인 시각으로 다른 문화와 사회에 어떻게 접근할 것인지 끊임없이 연구가 되어야 한다. 무슬림 사역뿐만 아니라 전인 사역에 있어서 특별한 적용들과 가이드라인의 원칙들을 세우는 것도 중요하다.

오늘날 이슬람의 움직임과 경향을 살펴 보면서 기독교 측에서 내세워야 하는 선교의 방향을 재정립하여야 한다. 오늘날 이슬람의 특징은 세속화, 정치화, 문명화, 다원화와 경제력 등을 들 수 있겠다. 이러한 면에서 전인적인 복음사역이 필요하다. 다음 장에서는 오늘날 이슬람의 접근에 대해 살펴본다.

06
이슬람의 접근

오늘의 선교는 사실상 교회가 이슬람의 도전을 어떻게 맞이하며 대처할 것인가에 대한 문제이다. 이슬람을 어떻게 인식하고 이해하느냐에 따라 우리의 선교 방향도 판이하게 달라질 것이다. 이슬람을 하나의 종교나 문화 혹은 이데올로기와 별도로 분리하여 생각할 수 없고, 복합적인 체제와 현상으로 분석해 볼 필요가 있다. 압둘 하킴Abdul Hakim 박사는 이슬람이 하나의 삶의 체제라고 하면서 다음과 같이 역사적인 조명을 하였다.

"이슬람의 신속하고도 다방면의 진보와 확산 그리고 문명화와 문화에서 세계를 이끌어 갈 것이라는 가정은 점진적 체제 내에서 이슬람의 건전한 조망과 그것의 구현이 분명했던 것에 기인한다. 이슬람은 폭정의 모든 유형들 아래 고통을 겪었던 인간의 거대한 그룹들에게 법과 사회 정의 앞에서 평등함을 제의했기 때문에 급속도로 퍼져갔다. 몇 세기가 지나서 원래의 활동력momentum이 떨어지고 급진적이고 진보적인 이슬람의 체제 또한 정설의 다양한 실례들로 화석화되었다. 이슬람의 법적 제도는 변화하는 상황과 함께 진보가 되었고 위대한 법학자들은 사회 정의의 정신과 일치하는 이슬람 정신을 성실하게 지지하면서 법제도들을 계속적으로 공표해갔고 새로운 형세로의 적응을 위한 연습을 해나갔다. 이슬람의 삶은 한

제도에서 기원했으나 무슬림들의 생명력이 창조적이고 부단히 전진하는 한 열려진 체제로 남았다. 무슬림들은 이슬람의 본질적인 것들이 영원하다고 보며 그 중의 하나를 샤리아Shari'ah; 이슬람의 율법라 칭한다."76)

물론 이 율법의 본질적인 뼈대는 꾸란의 가르침과 무함마드의 전통에서 연구되어져야 한다고 가르친다.77) 이러한 관점을 참작하여 이슬람을 이해하려면 변화무쌍한 오늘날 사회에서 이슬람의 흐름, 주요 관심도와 더불어 정통주의가 본질적으로 고수하고 있는 관점을 기본적으로 살펴보아야 한다.

터키의 무슬림 종교철학자인 케이퍼 야란Cafer S. Yaran에 따르면78) 이슬람 이해에는 우선 역사적 차원에서 이슬람의 공동체순니, 시아 등, 문명화예술, 건축, 과학 등와 관련하여 그 발달과정을 살펴보아야 한다. 그리고 이슬람의 신학예를 들어 신의 유일성, 꾸란의 계시 등과 실천적인 차원신앙고백, 예배 등과 더불어 도덕적 가치와 덕행에 관련한 윤리적 차원예를 들어 정의, 자선, 매일의 삶 등과 종교적 체험과 영성을 추구하는 영적 차원을 고려해야 한다. 그리고 현대적 쟁점들예를 들어 학문, 종교 간의 대화, 폭력, 인권과 민주주의, 법, 이민, 사회 정치적인 면 등이 동시대 차원에서 어떻게 해석되는지를 살펴보아야 한다.

이슬람 사상과 문명 국제 연구소International Institute of Islamic Thought and Civilizati-on(ISTAC)의 창설자요, 대표인 알 아타스Al-Attas 교수는 현대세계의 지성적이고 문화적인 도전, 종교와 이데올로기가 빚어내는 세속화에 대응하고자 이슬람의 신학, 철학, 심리학, 형이상학, 과학, 문명화, 언어 그리고 비교사상과 비교종교에 관하여 창조적인 지식 교육을 통한 이슬람의 세계관 형성에서 응답을 찾는다.79) 이러한 견해에서 이슬람의 카이로 인권 선언문 제9조 (b)항은 다음을 표명한다.

"모든 인간은 가족, 학교, 대학교, 매스미디어 등을 포함하는 다양한 학습, 교육과 지도를 하는 기관들로부터 종교와 세속교육 양쪽을 다 받을 권리가 있고, 그와 같이 인간의 인격을 계발시킬 수 있는 통합되고 균형이 잡힌 방식은 인간의 알라에 대한 믿음을 강화시키고 권리와 의무 양쪽에 대해 인간의 존중과 방어를 증진시킨다."80)

이 선언문은 이슬람이 최상의 공동체로서 이 세상과 내세 간에 지식과 신앙이 결합되어 조화를 이루어 이슬람 공동체의 문명과 역사의 역할을 재확인하면서, 다르고 상반되는 믿음체계와 이념들 때문에 혼동된 모든 인류를 인도하기 위해 이 공동체에서 기대하는 것들을 완수하려고 하며, 물질주의적인 문명화의 모든 만성적인 문제에 대한 해결책을 제공하고자 한다.

알 아타스는 세속적인 무슬림 국가와 정부에서 하나의 철학적인 프로그램으로 접근하여 무슬림이 세속화의 진정한 성격과 그 끼치는 영향에 대해 이해가 부족함을 지적하는데, 이슬람은 신성함과 불경함의 이분법에 속해있지 않다고 한다. 즉, 이슬람 국가는 전적으로 신정주의도 세속주의도 아니라는 것이다.81) 알 아타스는 말한다.

"스스로를 세속주의라고 일컫는 무슬림 국가는 종교적인 진리와 종교적인 교육을 부득이 반대할 필요가 없다. 영적 의미의 성격을 부득이 제거할 필요가 없다. 경영과 인간사에서 종교적 가치들과 미덕들을 부득이 반대할 필요가 없다. 그러나 세속화의 과학적이고 철학적인 진행과정82)은 자연계에서 영적 의미를 빼앗아가고, 인간사에서의 경영을 비신성화시키고, 인간의 생각과 품행에서 가치들을 비신성화시킨다."83)

여기에서 알 아타스가 진정한 도전하고자 하는 것은 지적인 부분이며 긍정적인 저항은 정치적인 힘뿐만 아니라 올바른 지식으로 세워진 힘의 요새에서 일어나야 한다는 것이다.84) 알 아타스는 이러한 부분에서 이슬람의 정체성을 인식하는 것이 중요하며 이 인식이 지식으로 충만할 때만이 영적으로 그리고 지성적으로 성숙에 이를 것이며 진리를 떠받치는 데 지혜와 정의로서 무슬림의 역할 감당을 할 수 있다는 것이다. 이를 위해서는 진리인 이슬람의 종교적이고 지성적인 전통인 꾸란과 무함마드의 전통으로 돌아가야 한다는 것이다. 그래서 현대의 세속적인 서구 문명화를 단순히 충당하거나 흉내내는 것이 아니라 그들 자신의 창조적인 지식을 발휘함으로써 학문에 구체적으로 표현된 그들의 역사, 가치, 미덕을 되찾아야 한다고 본다.

2004년 파타야 로잔포럼에서는, 무슬림 세계는 종교적인 민족주의nationalism가 기승을 부린다고 하며, 무슬림의 의식psyche은 유럽 식민지화가 세속주의, 민주주의, 민족주의의 새로운 아이디어를 탄생시켰을 때인 19세기에 서구사회를 통해 깊은 괴롭힘을 받았을 것이라 한다. 전통적인 무슬림 지성인들은 세속주의를 거룩한 영역에서 국가를 변칙적으로 분리하며 이해했다. 그들의 시각에서 민주주의는 성경에 포함된 하나님의 계시 대신에 인간이 만들어낸 헌법들에 기초한 대다수에 속한 규율을 포함하였고 통합적인 정치적 이데올로기를 제안했다.

"한 통치하시는 알라-한 법-의 응답은 '이슬람주의'Islamism라고 불리어 왔다.85) 다수와 민주주의의 상황에서 마우두디Mawdudi가 제안한 정치적 이론은 1) 알라 홀로 진정한 통치자이시며 독립적인 법률제정이 있어서는 안 된다. 2) 모든 면에서 이슬람 국가는 그의 선지자를 통해 알라에 의해 제시된 법에 기초해야 한다. 3) 그와 같은 국가를 운영하는 정부는 알라의

법들을 강행하기 위해 정치적인 힘agency이 세워지는 대로 자격에 있어서 복종의 권리가 주어질 것이다."86)

마우두디의 이슬람 사상에 따르면 알라의 유일성tawhid, 선지자직 risalah과 대리인의 직분Khilafah은 정부 위에 세워져야 할 원칙들이다. 알라는 사람들을 통치해야 하고, 사람들은 세속의 민주주의에 의해 구상된 대로 통치해서는 안 된다. 마우두디는 '신정민주주의' Theo-Democracy를 주장하였다. 이것은 우주적인 것으로써 알라는 모든 것의 통치주이기 때문이다. 그것은 지리나 언어 혹은 피부색의 차이를 의식하지 않는다. 그러므로 신정민주주의의 확장은 대리자들vicegerents을 통해서 일어날 수 있다. 마우두디는 이슬람 국가가 순수한 대리자들을 통해서만 통치될 수 있었다고 제시하였다.87) 그는 민주적인 민족주의는 영토에 근거하여 사람들을 나누지만 사람들은 언어, 인종, 문화, 종교적인 배경들을 무릅쓰고 영적인 하부구조 아래 함께 모인다고 느꼈다.

마우두디는 이 세상에서 일어나는 모든 변화는 일시적이라 믿었다. 알라가 그의 왕국을 설치함으로 이슬람 민족주의를 최종의 제도로서 밝혔다고 보며, 이를 위해 그는 선지자가 아라비아에서 이슬람 왕국을 어떻게 세웠는지에 대한 모델을 취하였다. 그는 파키스탄과 같은 나라에서 이슬람의 정치적인 규율의 설립은 이슬람의 혁명의 효과들을 더하였다고 보며, 정치나 종교에서 어떠한 복수성도 인정하지 않았다. 그는 이슬람 역사에서 복수를 위한 어떤 용인도 하지 않은 것이다. 이슬람 민족주의가 가능한 어디에서든 이슬람 국가의 설치는 바람직한 목표이고 그것은 오늘날에도 이끄는 원칙이다. 우주적인 이슬람 국가는 궁극적인 목표이며 이러한 이슬람의 민족주의는 동시대의 기독교 선교에 가장 큰 도전을 주었다. 주의를 기울일만한 또 다른 문제는 문화와 종교 간에 나뉠 수 없는 결속이지 그냥 국가와 종교가 아니다. 이러한 점을 감안할 때 그리스도인은 이러한 이슬람의 민족주의의 상황에서 어떻게 적당한 위치에 서야 하는지 생각해 볼 필요가 있다. 더 깊게 이슬람 민족주의가 진술한 목표는 이슬람 이데올로기를 확산하여 서양 안으로 주둔시키는 것이다.88)

이러한 환경 가운데 선교 차원에서 우리 그리스도인이 다루어야 할 중요한 부분은 과도기 가운데 있는 이슬람의 관점과 동향을 살펴보는 것이다. 초기 이슬람의 위기에 대한 정체성과 관련하여 이슬람 조상의 땅과 애국심, 영토 확장주의에 대한 이슬람의 반응, 이슬람의 결속, 문명화에 대한 관심이 그들에게 있었다면 현대에도 계속되는 이러한 관심들과 더불어 민족주의, 이슬람의 공동체 정신과 아랍의 통일, 새로운 문예부흥, 이슬람의 사회주의, 세속주의에 대한 관심과 이에 대처하는 것이며, 사회의 변화에 대한 이슬람법의 현대적 적용, 이슬람의 재해석과 개혁, 여성의 역할과 권리, 경제적 발전 도모와 복지사업, 비이슬람 국가에서의 이슬람주의자들의 참여, 정치적 다원론, 민주주의의 도입, 이슬람의 문화고수, 타종교와의 대화, 지하드를 촉구하는 파트와fatwa 본문89) 등에 관심을 보인다.

꾸란을 신의 계시로서 의존하는 이슬람의 전통은 여전히 무슬림 정체성의 중심요소로 자리 잡고 있으며, 이 전통에 대한 지식이 현대의 위기를 살피고 무슬림이 이 위기에 어떻게 대응해야 하는가를 방향제시하는 데에 필요한 것으로 본다. 무슬림의 정체성은 신의 뜻을 깨닫기 위한 소명이 개인적이고도 공동체적이라는 믿음에 있다. 그래서 종교가 정치, 법, 사회와 밀접하게 뒤얽혀있는 삶을 향하여 전인적인 접근을 하는 것이며 새로운 패러다임에 뒤쳐지지 않으려고 한다.90) 한 예로 무슬림 선교사이자 신학자, 철학자 파주르 라흐만 안사리Fazlur Rahman Ansari 박사는 흐려져 가는 종교적 영성과 치닫는 세속주의에 대해 다음과 같이 호소하였다.

> "인간이 지성적, 도덕적, 영적 그리고 사회적으로 드높이 일어설 수 있음에도, 그들이 가장 저속한 구렁텅이로 떨어질 수 있는 것은 인간에게 비극이다. 그 모든 것은 그들의 사고방식에 달려있다. 현시대는 분명히 의심과 회의의 시대이다. 오늘날 행해지고 있는 예배는 너무 형식과 의식에 치우쳐 있다. 그것은 진리, 정의, 미에 의거해야 할 영성이 결여된 것이다. 다른 어느 나라와도 같이 남아프리카공화국은 심각한 사회적 문제들을 지니고 있다. 오늘날 참으로 필요한 것은 알라께로 돌아가는 것이고, 알라께서 여러 인류 공동체들에게 보내신 거룩한 인물들에 의해 구현된 것으로서의 더 높은 가치들로 돌아가고자 하는 뚜렷하고 긍정적이며 활기찬 노력이 필요하다. 우리 모두는 이슬람이 알라의 유일성을 믿는 것을 매우 잘 안다. 그것은 특수한 공동체를 편애하는 한 부족의 신god에 속한 유일성unity이 아니다."91)

안사리 박사의 호소에서도 비추듯이 이슬람 측의 선교는 세속주의를 향하여 이슬람의 세계관과 사고방식을 중요하게 강조하고 있다. 안사리에 의하면, 이는 현대를 살아가는 무슬림을 향한 도전인데 삶의 경영과 철학에 관한 문제로 무슬림의 신앙과 문화의 후기 양상을 다루는 것은 가치들과 문화의 체제들을 포함한다. 즉 이슬람이 들어올 때 영적인 이데올로기들이 다른 공동체들에 생겼다. 안사리의 아이디어는 이 이데올로기들에 흔한 세속적인 것들- '다른 세상적인' other-worldliness 것과 더불어 '이 세상적인' this worldliness-에 대한 개념을 말이다. 알라가 창조한 것은 무엇이든지 선한데 그것을 오용하는 것은 악으로 바뀐다. 그래서 이슬람의 아이디어는 세상을 부정하는 것이 아니라 선한 모든 것을 세우는 알라의 종으로서 세상을 정복하려는 것이다.92) 이러한 식으로 이슬람은 세상을 향한 하나의 도전이다. 꾸란 9:33

또한 안사리는 오늘날 사회의 비도덕성에 대해 호소한다.

> "우리 사회에서 비도덕성은 구원이 종교에 있다고 말하는 사람들의 결핍에 기인한다. 구원은 드러나야 하며 이 땅의 표면에 올바로 전해지고 증명되어야 한다. 만일 우리가 그리스도인이라면 우리는 예수 그리스도의 진정한 성품에 참여해야 한다. 우리가 무슬림이라면 거룩한 선지자 무함마드의 성품에 참여해야 한다…만일 우리가 그것을 행하지 않고 딱지만을 지니고 있으면 자연히 다른 이데올로기들이 나타나게 되어 있다."93)

흥미롭게도 안사리는 구원의 예표와 예수 그리스도의 성품에 참예하는 자로서의 신자를 거론하고 있다. 이상과 같이 신앙의 실천 부분과 더불어 선교의 관점에서 우리 그리스도인은 특히 이슬람이 관심을 두고 있는 세계화globalization, 인권human rights, 폭력violence 등을 그들이 어떻게 생각하는 있는지, 이슬람의 삶의 방식이 현대적인 것의 정치적, 사회적, 경제적 요구사항들을 어떻게 충족시키고 있는지, 그리고 이슬람이 종교적인 극단, 폭력, 민주주의, 인권 등 세계화의 쟁점과 어떻게 관계하는지를 깊이 숙고할 필요가 있다. 아무튼 이슬람의 공동체94)는 무슬림 사회의 변화에 부응하기 위한 창의적인 법해석이즈티하드ijtihad과 이슬람 가치의 재적용의 도전에 직면하고 있다.

특히 이슬람의 공동체ummah가 꾀하고자 하는 이슬람화Islamization는 진리에 기초한 문명화에 관련하여 당시의 때와 현대의 시점 양쪽을

다 포함하며 이슬람의 이상과 기준에 의해 움직인다. 여기에서 '지식의 이슬람화' Islamization of Knowledge는 사상, 이데올로기, 규범적인 인간 유형과 관련하며, 어떻게 그러한 유형이 이성, 정신, 의식 가운데 지어질 수 있는지와 관련한다.95) 이러한 지식의 이슬람화 혹은 이슬람의 지식은 거룩한 계시혹은 진리에서 인도를 구하는 적합하고도 포괄적인 이슬람의 방법론을 요구하는 것으로서, 신의 기준과 이상에서 기원하는 과학적인 지식으로 그것의 사고방식이나 접근, 탐구, 삶의 문제들에 대한 비판적인 조사가 합리적으로 행해져야 한다고 보며, 탈선, 부패, 고립 등을 순화하는 이슬람의 이데올로기에 대한 방법론을 발달시키는 데에 목표점을 둔다.96) 이러한 방법론이 이슬람의 공동체가 제 기능을 다하도록 필요한 도구들을 개선해주며 이슬람의 개혁의 기반이 되는 것이다. 무슬림들의 이해에 따르면, 이슬람의 다아와 da'wah는 개인의 개종만을 목표로 하는 것이 아니라 이슬람화를 겨냥하는데, 이에 반해 기독교 선교는 이를 정치적인 현상으로 본다. 무슬림의 자료들을 보면 기독교 선교사들은 거의 보편적으로 식민주의, 서구화 그리고 세속화의 대리인으로 다른 문화를 강요한다고 여긴다.97)

지금까지 오늘날 이슬람의 내부적 이해와 주요 관심사를 열거하며 이슬람에 대한 개략적인 이해를 도모하였다. 다음 장에서는 이러한 이슬람 측의 접근에 대해 우리 그리스도인이 놓치지 말고 염두에 두어야 할 부분이 무엇이며 이러한 부분을 어떻게 접근해야 할지 폭넓고 다양한 관점을 동원하여 살펴본다.

07
그리스도인의 접근 방식

바나바 재단Barnabas Fund 대표 패트릭 수크데오Patrick Sookhdeo 박사 98)는 무슬림의 사고방식에 대해 이렇게 말한다.

 *"이슬람은 법, 의식, 의무, 믿음, 힘, 그리고 영토의 종교이다. 그리스도인
 의 세계관과 가치들이 기독교 영성에서 파생하는 것처럼 무슬림의 세계
 관과 가치들도 이 필수적인 이슬람의 원칙들에서 파생한다."99)*

수크데오 박사는 이슬람의 도전에 대해 기본적으로 이슬람의 신학과 영성, 도덕, 문화, 사회적인 쟁점들, 이슬람의 다양성과 현대 이슬람의 동향 등을 이해하려는 접근에서 시작하여 그리스도인과 무슬림의 관계 형성을 위한 단계로 이슬람의 법, 교육, 여성문제, 매스미디어와 언어, 정치, 지하드 그리고 다인종, 다문화, 종교적으로 다원적인 사회에서 평등과 평화, 자유 등의 쟁점들을 다룬다. 이렇게 이슬람을 폭넓게 바라보며 이해를 도모하고 복음증거를 위한 관계형성의 접촉점을 찾아간다. 수크데오는 이슬람의 양면성과 본질에 대해 언급한다.

 *"이슬람은 어느 다른 종교와도 같지 않게 방법 면에서 여러 면들을 지니
 고 있다. 이슬람에서는 신성한 것과 세속의 것, 혹은 영적인 것과 물질적*

인 것 사이의 구분이 없다. 이슬람은 사회적, 법적, 문화적, 정치적이고 심지어는 군사적인 삶의 일면들을 포함한다. 이러한 이유로 그리스도인들이 이슬람에 접근할 때 이해하는 데 심각한 문제가 있다. 기독교와 이슬람, 이 두 믿음에 의해 쓰인 용어들의 많은 부분이 동일하게 보이지만 그 의미들은 근본적으로 다르다."[100]*

수크데오의 생각은, 무슬림과의 대화에 들어가려고 하는 그리스도인은 이슬람 믿음 내부의 핵심 정설과 이슬람 고유의 연합의 정신을 이해하는 것이 중요하다고 본다. 서로 비슷한 공통점이 있다고 타종교를 현상학적으로만 바라보고 접근하는 것은 이슬람에서는 걸맞지 않다고 한다. 이슬람의 현상을 바라보며 이슬람을 이해하는 것은 피상적이며 바람직하지 않다는 말이다.

이슬람은 외부인에게 믿음의 표현에 있어서 극적인 변화와 과도기의 과정에 있다. 예를 들어 남아프리카공화국의 무슬림 기관들과 무슬림 공동체들은 그들의 종교가 이해되고 존경받기를 원하고 텔레비전, 라디오, 신문, 책, 논문, 인터넷, 강연, 교육 등을 통해 이슬람의 본질에 대해 비무슬림을 위해 공개적인 인식 교육을 하는 운동을 벌이고 있다. 이슬람은 기독교와 더불어 평화적이며 종교 간의 대화를 꾀하고 있다. 정부나 혹은 교회는 종교 간의 대화를 통해 그들과의 간격을 줄이고 관계를 형성해 보려고 하나 사실 이러한 대화는 이슬람의 기관을 위해서 하나의 매체가 되었다. 수크데오는 말한다.

"먼저는 진보주의 신자들이었고 지금은 점점 더 복음주의 신자들도 마찬가지로 이러한 안내를 따르면서 정부의 종교 간 대화 안건을 떠맡는다. 1980년대에 세계교회협의회World Council of Churches가 종교 간의 대화의

개척자였고 모든 종교의 공통성commonality을 강조하면서 종교 간의 대화 운동을 제의한 반면에 지금은 복음주의자들이 점점 더 이 회의의 중심층을 떠맡고 있다."101)

수크데오의 생각은 무슬림의 폭력에 대비하여 정부가 해야 할 일을 교회가 이용당하게 되는 경우, 많은 그리스도인이 이슬람의 대의와 이권을 지지하며 급기야는 공공의 영역에서 이슬람이 복원되고 세워지도록 도와야 한다고 믿고 있는 것처럼 보인다는 것이다. 그리스도인들이 세속의 정치인들과 함께 이슬람의 방어자, 보호자, 그리고 종교 단일화 하는 사람으로서 나타난다는 것이다. 일부는 무슬림들이 이에 대한 답례로 그리스도인들을 존경하며 자유롭게 복음을 전하도록 허용해 줄 것이라는 희망 안에서 그렇게 하고, 다른 어떤 사람들은 두 종교가 곧 긴장 가운데 있게 될 것이라는 두려움 때문에 그렇게 한다고 본다.102) 수크데오는 루즈벨트Theodore Roosevelt 대통령이 언급한 대로 "만일 내가 의와 평화 가운데 선택해야 한다면 나는 의를 선택할 것이다."의 말을 인용하면서 오늘날 교회와 국가 양측 다 이슬람과의 평화에 대한 불확실한 희망 가운데 그들을 희생하기 보다는 진리와 정의를 포함하는 의를 선택하는 것이 중요하다고 본다.103)

한편 수크데오는 무슬림과의 관계형성을 위해서는 우선 신학적이고 영적으로 분명히 한 후에 이슬람에 관하여 그리스도인들이 가장 긴박한 동시대의 쟁점들을 강조하고서 그 다음으로는 실제적으로 무슬림들과 관계하여 어떻게 그들과 상호작용을 일으킬 것인지를 거론한다. 신학적인 근거에 우정을 건설하고 선물과 환대, 그들의 모스크를 방문하고 이슬람의 예배에 참여하며 우리의 예배나 축일에 무슬림을 초대하고, 단순한 토론이 아닌 신약성경의 패턴의 접근행17:17의 대화 등과 더

불어 비종교적인 프로젝트, 해외 원조, 구제와 개발 등에 그리스도인과 무슬림의 합동을 권장한다. 왜냐하면 이 부분은 공동관심사로 함께 일할 수 있는 영역이기 때문이다. 단, 그리스도인은 무슬림이 목표로 하는 것이 무엇인지를 이해하고 이슬람의 성격에 관한 실제적인 지식을 먼저 얻어야 하며 이슬람의 의제와 무슬림이 그리스도인과의 관계형성을 어떻게 보고 있는지를 아는 것이 중요하다.[104]

그리스도의 증거 능력은 말보다 그리스도인의 품행에 달려있다. 무슬림들이 그리스도인들의 공동체가 존재한다거나 예배드리는 것을 모른다 할지라도 그리스도인이 주 예수 그리스도를 따르는 자임을 알게 된다. 이를 보여주는 실제적인 방법으로는 삶 가운데 표시되는 사랑이 중요하다. 그 사랑은 가난하고 병든 자 돕기, 직장에서 신뢰받을 만하게 정직하고 상대방을 배려하며, 동물들을 학대하지 않고, 금식하는 자들 앞에서 먹지 않으며, 그들이 친척을 잃을 때나 이혼 시, 아플 때 방문하여 다음에 다시 방문하고 싶다고 말 할 수 있음으로 나타난다.[105]

2004년 파타야 로잔포럼에서 언급한다.

"기독교 복음은 관계형성에 대한 것이다. 사람들과 하나님, 그리고 다른 사람들 간의 관계들을 개선하고, 개발하며 향상시키는 것이다. 두려움이나 적대감을 만들어냄이 없이 무슬림을 대상으로 하는 사역은 이슬람과의 용무에 있어서 학술적인 것을 능가해야 한다. 그러한 사역을 위해 준비하는 것은 신학적인 구성에서 각 부분이 모든 수준에 갖춰져야 한다."
[106]

2004년 파타야 로잔포럼에서 무슬림들과의 협동까지 생각한다.

"우리는 그리스도인들이 커뮤니티 개발, 인류애 이슈들과 다른 공동 관심사의 영역들에서 무슬림들과 가능한 어디에서나 협동할 것을 권고한다."107)

여기에서 제기되는 문제는, 우리 그리스도인은 다른 주요 종교들의 믿음을 향하여 무슨 태도를 취해야 하는가이다. 겉으로 보기엔 기독교와 교리 부분이 가깝다고 너무 치중하지만 분명히 실제로는 많이 다른 부분을 놓치고 있다고 본다. 특별히 그리스도인은 이슬람의 성격을 주시하여야 하고 그것을 기독교와 비교해야 한다. 위에서 언급한 오늘날 이슬람이 지닌 여러 모습들은 현대 사회에서 이슬람이 보여주는 태도나 방식에 있어 결정적인 것이며, 결과적으로 이슬람의 어떤 일면들과 일부 현대의 사회 기준들 사이에는 불가피한 갈등이 내재해 있을 것이다. 이 갈등은 무슬림 개인의 믿음의 문제뿐만 아니라 사회적, 정치적 그리고 문화적으로 얽혀서 영적, 신학적, 정치적, 선교학적으로 그리고 정의의 영역에 강한 영향을 미친다.

제야라즈Jesudason Baskar Jeyaraj 박사108)는 개인과 사회의 책임에 대해 말한다.

"복음의 내용이 하나님의 왕국과 예수이기에 하나님의 통치 영역은 사회이고 전도는 단지 영혼을 구원하는 것 이상이다. 개인과 사회 구조들 둘 다 전도의 목표들이다. 개인들은 고립되어 있지 않으나 사회-경제적 구조들의 부분을 형성한다. 그러므로 죄는 개인적이고 사회적이다."

08
로잔의 응답

우간다 교회Church of Uganda의 대감독 헨리 루크 오롬비The Most Revd Henry Luke Orombi는 이번 2010년 케이프타운 대회 폐회예배 애찬식을 집전하면서 증가하는 호전적인 세속주의, 그리스도인들의 박해, 종교와 세계관의 필적함, 세계화, 교회의 선교와 의존에 대한 재정적 자원, 복음과 문화 간의 관계 이해, 지역의 불안정성과 갈등들, 부패와 번영, 축복 그리고 물질적 소유에 관한 적합한 신학, 여성과 아동을 향한 폭력, 세계의 많은 곳에 교육과 의료 서비스의 빈약109) 등 제3차 로잔대회에서 남기는 유산을 요약한다.

이번 로잔대회 3일째2010년 10월 20일로 거슬러 올라가면 세계의 종교 주제에 대해 집중하면서 타종교의 추종자들에게 어떻게 복음을 효과적으로 나눌 것인지 숙고하도록 도전하였다. 이 날은 타종교 믿음을 지닌 사람들에게 복음을 어떻게 상황화할 것인지를 탐구하면서 아직도 스며들지 못한 곳에 복음을 가져오는 데 치러야 할 값을 생각하도록 격려하였다. 오전 영역에서는 그리스도인들이 그들의 상황에서 어떻게 타종교인들과 관계하는지 혹은 어떤 문제에 부딪히는지를 몇몇 발제자들이 발표하였다. 그 내용인즉, 많은 사람들이 예수에 관해 관심은 갖지만 사실 예수에 대해 잘 모르고 어떤 어려움이나 장벽이 닥치면 예수를 의지하지 못한다는 것이다. 즉, 예수의 삶과 그분의 가르침을 정확히 직접적으로 말해줌으로써 예수의 성격과 그분의 연민, 은혜, 용서, 신실하심을 그들이 깨닫고 예수와 같이 사랑하고 사랑받는 것을 배우도록 해야 한다는 것이다. 주 예수 그리스도 복음의 힘이 우리의 삶 가운데 나타나야 한다. 그래서 우리가 아무것도 말하지 않을지라도 다른 신앙의 사람들이 우리의 삶을 보고 도전받을 것이고, 우리의 인내를 보고 놀랄 것이다. 그리스도인으로서 다른 사람들을 그리스도께 데려오고 사회에 진리와 의의 통치를 세우며 그들로 영생을 얻게 하려면 다른 사람들을 섬기며 사는 인생을 살아야 할 것이다. 이러한 종류의 삶은 가정의 회복을 불러일으킬 것이고, 공동체의 변혁을 가져오며 섬기는 그리스도인이 발견되는 곳 어디에나 회복이 활발하게 일어날 것이다. 복음은 온 세계 어디에나 사람들 눈앞에 살아있어야 한다. 이것이 곧 로잔의 초점이다.110) 이 로잔의 초점이 부연 설명된다.

"우리 가족이 다른 믿음의 사회에 속해 있을 때 우리의 믿음을 어떻게 정중하게 나눌 수 있을까? 타종교인의 기독교에 관한 깊은 오해와 편견은 어디에 있을까? 서양에서는 단순히 기술들을 익히기 위한 전도훈련에 초점을 두는 경향이 있어왔다. 그러나 테크닉들은 더 깊은 수준으로 우리를 동기부여하지 못한다…실제적인 것은 더 깊은 신학적인 이해 안에서 짜여야 한다. 증거에서 우리의 효율성은 새로운 방법들을 배우는 것에서 오는 것이 아니라 메시지를 이해하는 것에서 온다. 우리의 증거의 자유는 하나님 그분 자신인 메시지의 저자를 이해하는 것에서 온다. 다른 말로 하면, 우리의 신학이 우리의 방법론에 영향을 미쳐야 한다. 하나님의 특성을 이해하는 것은 증거를 위해 가능한 가장 깊은 동기부여일 것이다. 그리스도를 잘 알수록 우리는 그분이 더 잘 알려지기를 원하게 될 것이다. 만일 우리가 복음에 충실하지 않으면 그때는 복음전도의 사역이 결코 효과적이지 못할 것이다. 그러나 그리스도인들이 다른 사람들에게 메시지를 말하는 것에 대해 위협감을 느낄 때 그것은 단순히 거절의 두려움이 아니다. 그들이 믿도록 하기 위해서는 진리에 입각한 개인적인 확신을 가지고 이것이 참임을 보이며 이러한 메시지를 그들 스스로 믿게 하는 복음의 능력을 보여주어야 한다. 우리의 과업은 오늘날 신자들에게 이 "기쁜 소식"이 그들에게 참일 뿐 아니라 그것은 온 세계를 위한 진리이고 이를 확신을 가지고 말할 수 있는 자신감을 키워야 하는 것이다."111)

몇몇 발제자들이 기독교와 이슬람에 대해 발표하였는데 무슬림들이 제대로 듣지는 못했으나 그들 스스로 하나님이 약속하신 이스마엘의 영적인 자녀들로서 그리스도를 경험하고 있다는 것이다. 이러한 부분에서 이슬람과 비슷한 예배의 형식들을 사용하지만 기독교 신앙, 성경, 의식을 지키는 교회들에 대해 이야기 하였다.112)

라피끄 웃딘Rafique Uddin은 다양한 변화에 대해 말한다.

"그리스도를 믿는 무슬림 첫 세대에게 이슬람 형식의 예배를 지속하는 것이 필요하나 이 형태들에 기독교 의미를 주어야 한다. 예배의 문화적 형태를 가능한 한 존속함을 통하여 문화충격이 완화될 수 있다면 그리스도 안에서 성장하는 것이 훨씬 쉬울 것이다. 예배형식의 상황화에서 생각에 담고 있어야 할 필요가 있는 것은 이슬람이 삶의 통합적인 방식이라고 주장할지라도 이슬람은 전혀 단일문화적이 아니라 복합문화적이라는 것이다. 국가마다 조우하는 이슬람의 종교적 실천들은 셀 수 없이 많은 변화가 있다."113)

하루에 다섯 차례씩 예배하는 무슬림들에게 예수께서 가르치신 대로 하나님께 예배드리는 형식의 예배가 신령과 진정으로 드려지도록 해야 할 것이다.

여성 발제자는 상황화된 형식이 무슬림들에게 미치는 데 효과적이었다고 말했다. 이러한 내용을 조셉 커밍Joseph Cumming은 그의 한 친구가 유대교 배경에서 예수를 믿게 되었는데, 유대인의 율법에 맞춰 살고 가정에서 어린이를 유대인으로 양육하면서 메시아닉 회당Messianic synagogue 114)에 남아있다고 한다. 이 사람은 메시아로서 예수를 따르는 것과 유대인으로서 인종적이고 종교적인 신원을 밝히는 것 사이에 아무런 모순을 보지 못했다고 한다. 이와 마찬가지로 일부 무슬림들은 그리스도를 믿게 되었지만 그들이 기독교 종교로 과거의 무슬림ex-Muslims 혹은 개종자가 된 것은 아니라고 주장하였는데 그들은 그 상황 안에서 예수를 존중하며 무슬림 공동체에 여전히 남기를 원한 것이다.115) 이 상황화의 문제는 존 트래비스John Travis에 의해 논의되었다. 트래비스는 "C1-C6 스펙트럼"을 제안하였는데 그는 이것을 "무슬림 상황에서 발견된 그리스도를 중심으로 하는 공동체들Christ-centered Communities; 'C' 의 여섯 가지 유형들을 정의하기 위한 실제적인 도구"라고 불렀다.116)

이 용어는 예수를 믿는 무슬림 배경의 신자MBBs; Muslim Background Believers 117)로 자기의 신원을 이해하며 그리스도를 중심으로 한 다양한 공동체들을 묘사하는 용어로서 "C4-C5 논쟁"debate으로 알려져 있다. C1은 그들의 모국어가 아닌 다른 언어로 예배하는 곳에서 그들 자신의 문화와 철저히 다른 교회 안에 있는 무슬림 배경의 신자들이며, C2는 C1과 같지만 예배는 무슬림 배경 신자들 지역의 모국어로 드려진다. C3는 '이슬람적'Islamic으로 보이는 문화적 형식들을 피하는 문화적으로 토착적인 기독교 교회에 있는 무슬림 배경의 신자들이며, C4는 성경적으로 허용할 수 있는 '이슬람적' 형식들을 계속 사용하는 문화적으로 토착적인 회중 안에 있는 무슬림 배경의 신자들로서 그들은 '그리스도인들'이라 부르기 보다는 스스로 다른 어떤 것으로 부르지만(예를 들어 '예수를 따르는 자들' 그들 스스로를 무슬림으로 보지는 않는다. C5는 문화적으로 그리고 공식적으로 무슬림들로서 신원을 계속 밝히는, 무슬림 공동체 내부에 있는 같은 마음의 신자들의 단체모임에서 예수를 주님과 구세주로 따르는 무슬림들, C6는 비밀/지하 신자들로 분류한다.118) 가장 강력한 논쟁은 C4와 C5 옹호자들 간에 있다.119)

파샬과 트래비스는 무슬림들 가운데 오랜 기간 사역하였지만 서로의 의견이 다르다. 파샬의 경우는 무슬림이 그의 공동체를 떠나지는 않을지라도 이슬람 신학으로 가득한 모스크와는 계속 관계를 가져서는 안 된다고 하며 이를 피력하기를,

> "모스크에서 무함마드는 하나님의 선지자로 인정되고 그리스도의 신성은 끊임없이 부인된다. 독특하게도 무슬림 기도들은 다른 종교들과 같지 않게 의식적으로 수행되어진다. 이 기도들은 마치 그리스도인들이 주의 만찬에 참여하는 것과 같이 무슬림들에게 성사와 같다. 만일에 무슬림이 우리의 복음적인 교회에 출석(혹은 참석)하여 주의 만찬에 참여한다면 우리는 어떻게 느낄까? 우리 모두는 그를 "내부자"insider가 되는 것으로 볼까?"120)

파샬에게 C1에서 C4는 상황화의 연속체이지만 그는 C5는 혼합주의라며 동의하지 않는다. C4의 경우에는 무슬림이 속임에 대한 비난이 있을 수 있지만 그것은 토착화indigenization의 적합한 수준으로 본다.121) 그는 C5를 모스크 내부에 남아있는 것으로 본다. C5는 비윤리적이고

하위의 그리스도인 행동으로 모스크에서 비록 예수께 조용히 기도한다 할지라도 이슬람의 기도의식의 순서를 형식으로만 따른다면 모스크에 있는 사람들 아무도 그가 예수께 진정으로 기도한다는 것을 모른다. 나중에는 알게 되면 그는 그들의 성소sanctity를 무너뜨린다는 비난과 처벌을 받게 된다고 본다.122) 그는 "의식은 너무 근접하게 이슬람의 믿음, 신학 그리고 종교적 실천과 연결되어 있다. 나는 참여가 타협이나 속임수를 포함한다고 결론짓는다."123)고 기록한다. 마찬가지로 그는 이슬람 내부에서의 완전한 통합complete integration에 선을 긋는다.

샘 쉴로르프Sam Schlorff, 124)는 그의 책 『무슬림 사역의 선교학적 모델』Missiological Models in Ministry to Muslims 제7장 "이슬람 문화 속에 있는 이슬람화된 교회"의 소제목인 "이슬람화된 상황화에 관한 EMQEvangelical Missions Quarterly 논쟁"에서 트래비스의 접근에 관해 말한다.

"트래비스는 그리스도인들로서 법적으로 무슬림들이 되는 것은 아마도 너무 멀리 간 것이라고 하며 필 파샬Phil Parshall과 의견을 같이 한다. 그는 국외로 추방된 동역자들에게 C4 정체성을 취하도록 조언한다. 그는 또한 그리스도인들이 무함마드를 예언자로서나 꾸란을 하나님의 말씀으로서 긍정하지 말아야 한다는 것을 인정하며 '무함마드와 꾸란의 역할의 어떤 면모들이 재해석되어야 한다'고 말하고, 푸아드 아카드Fouad Accad의 접근을 '놀라운 출발점'으로서 인용한다.125) 'C5가 단지 과도기적일 수 있으나' 만약 '그리스도를 믿는 믿음으로 무슬림들이 오는 것을 보는 것에 단 하나의 가장 큰 장애'가 신학적인 문제가 아니고 차라리 '문화와 종교적인 정체성'의 문제라면, 그때는 하나님의 왕국을 위해 C5의 길을 추진하기 위한 한 방도가 발견되어야 한다고 그는 인정한다."126)

무슬림 형식들에 기독교적 의미들로 채울 수 있다는 아이디어는 무슬림 사역에 관한 세미나들, 회의들, 그리고 책들에서 정상추세가 되었다. 파샬은 그의 책 『무슬림 전도의 새로운 방향』*New Paths in Muslim Evangelism*에서 "형식과 의미"에 관한 장에서 무슬림 실천들을 "재해석하는 것"에 관해 말한다.

"물론, 만약 우리가 이슬람의 실천들과 기독교의 어떤 면모들 간의 유사점들에 관해서 내세우면서 무슬림들에게 복음을 퍼뜨리려고 노력한다면 이 실천들은 모두 어떤 재해석의 기준을 요구할 것이다. 그러나 우리가 무슬림의 형식에 더 근접하게 관련할수록 더 긍정적으로 우리의 메시지에—특히 복음전도 노력의 시초적인 경우들에—응할 것이라 보인다…무슬림은 이 모든 의무사항들을 공적을 얻는 수단으로서 이행한다고 지적되어야 한다. 물론 이것은 기독교의 은혜의 메시지와 맞지 않는다. 그러나 [그가 결론짓기는] 무슬림이 필요로 하는 것은 단지 형식의 변화 보다는 중심점 즉, 의미의 변화이다."127)

'무슬림'으로 신분만 가장하는 것이 아니라 '무슬림들을 그리스도께 인도하기 위해' 법적으로 무슬림이 되는 것, 모스크에서 무슬림들과 나란히 살라트 기도의식을 이행하는 것이라고 파샬은 이해하며 이것을 지적한다.

이에 대해 트래비스는 응답한다.

"만일 무슬림들이 이슬람으로 개종자를 얻기 위한 목적으로 교회에 들어온다면 그리스도인들이 어떻게 느낄까에 대한 질문에 나는 개인적으로 두려워하지 않을 것이다. 여러 이유들 때문에 실로 비그리스도인들은 자주 교회 문턱에 드나들게 되며 그런 과정에서 은혜를 입어서 많은 사람이 그리스도께로 나아오기 때문이다!"128)

트래비스는 C5운동에서 혼합주의를 피하기 위한 지침들을 제시한다.

"예수 없이는 구원이 없다는 신앙, 침례세례받고 다른 신자들과 성찬을 나눔, 특히 인질복음서연구, 민속신앙에서 벗어나고, 무슬림의 실천사항들과 전통들을 하나님에 대한 사랑, 혹은 이웃에 대한 존경의 표현으로서 지킴, 성경적 진리의 조명으로 꾸란, 무함마드, 전통적 무슬림 신학이 검토되고 재해석되어 성경적으로 받아들여질 만한 무슬림 신앙과 실천들은 그대로 유지하고 다른 것들은 수정하거나 거부함, 새 신자들은 중생과 은혜 안에서의 성장의 증거를 보이며 잃어버린 자들에게 복음을 미치고자 하는 열망을 가진 것을 구두의 증거와 중보기도로 나타내 보인다."129)

트래비스는 C5 신자들이 어떤 점에서는 이슬람의 공동체에서 추방될 수 있다는 것을 인정한다. 그리고 파샬이 제안하는 것처럼 C5는 단지 변하는 시기 동안의 과도기적일 수 있다는 것도 인정한다. 그렇지만 예수에 속한 무슬림 추종자들이 결국에는 그들을 내쫓을 동료 무슬림들과 몇 개월 혹은 몇 년이 넘도록 복음을 나누는 것이 이 새로운 신자들에게 그들이 사랑하는 사람들에 의해 배신자로 보이면서 자신 스스로의 선택에 의해 그들의 가족과 공동체를 떠나는 것보다 훨씬 더 낫다고 본다.130)

트래비스는 그리스도를 믿는 데에 가장 큰 방해거리가 신학적인 것인지예를 들어 예수를 주님으로서 받아들이는 것 아니면 문화와 종교적 정체성의 문제예를 들어 이슬람의 공동체를 떠나야 하는 것인지를 제기하며, 무슬림으로 남아 있으면서 예수의 제자로 살아가는 문제에 대한 이러한 접근방식에 관해 교회사, 이슬람학, 신학, 선교학 등 다방면의 분야에 걸쳐서 진지한 고찰을 요구한다.131)

풀러신학교의 딘 길리랜드Dean S. Gilliland 교수는 트래비스의 이론에 대한 파샬의 반응을 놓고 코멘트 한다.

"파샬의 글은 특별히 아시아 상황에서의 한 가지 접근에 대한 적합성을 논한다. 이슬람푸르Islampur 132)에서 그리스도인들과 무슬림들 간의 그 규모와 힘의 비교는 있는 그대로 파리 대 코끼리와 같다."133)

길리랜드는 나이지리아의 경우를 반대의 예로 든다.

"4천 5백만 무슬림들이 나이지리아에 사는데 다른 4천 5백에서 5천만의 스스로 그리스도인이라 부르는 사람들이 또한 산다. 거기에는 예수 그리스도께 개종한 무슬림이 스스로 무슬림이라고 부르지 않을 것이다…더군다나 그 사역은 교회들과 통합되지 않았고 그들의 믿음을 위해 강도있게 수난을 겪고 있는 신자들을 반드시 만들어내고 있었다. 복음주의적 교회들은 그 운동을 제 것이 아니라고 말하는데 이는 지도자들의 비밀엄수와 은밀한 스타일 때문이었다. 그 운동은 지금 좌초되었다."134)

위와 같이 길리랜드는 언급하며 시간이 더 흘러가면서 이 운동도 진행 가운데 있기 때문에 옳다 그르다 하기 보다는 성령의 인도하심과 역사하심을 의지하고 혼합주의에 빠지지 않도록 그 위험에 주의해야 하는 것도 밝힌다.

한편 쉴로르프Schlorff는 그의 책135)에서 개신교의 무슬림에 대한 다양한 선교 접근들에 대해 여러 방법론 모델의 변천과정을 개신교의 이슬람 선교 초기부터 역사적으로 짚어보며 꾸란과 이슬람 문화가 성경적 계시에 어떻게 연관되는지를 다루고 있다. 쉴로르프의 생각에 따르면 복음은 이슬람에 의해서가 아니라 복음서에 의해 형성된 형태 그대로 전달되어야 하는 것임을 피력한다. 즉, 이슬람을 중간의 전달수단으로 보는 것이 아니라 죄로 억눌리고 하나님의 진리를 감추며 기독교의 메시지를 거절하는 하나의 종교로 본다. 그래서 이슬람 내부에서 상황적 진행을 시작하는 것은 타당치 않고 그것의 상황적이고 신학적인 출발점으로서 성경을 취해야 한다고 제안한다. 이런 방식으로 쉴로르프는 상황화에 대한 생각을 비평하며 성경적이고 복음적인 해석의 방향으로 선교적인 방향을 이끌어가고 있다.

쉴로르프가 의미하는 '상황적' contextual, 혹은 '상황화' contextualization란 말은 선교사들이 기독교 메시지와 그들이 설립하고 있는 교회를 그들이 사역하고 있는 이슬람 사회의 문화적이고 종교적 상황에 어떻게 연관시키는가를 의미한다. 쉴로르프가 말하고자 하는 것은, 상황화는 신학적 필요성이며, 문제는 상황화를 해야 하느냐 하지 않아야 하느냐가 아니라 어떻게 그것이 이루어져야 하는가에 있다. 쉴로르프는 오직 복음으로 돌파구를 찾고자 하는 생각이다. 그는 신학적 출발점에서 복음적인 그리스도인은 성경에 오직 권위를 두고 성경을 믿음과 삶의 원천으로 취해야 한다고 주장하며, 이를 전제하고 꾸란과 이슬람 문화를 고려할 것을 명시하였다. 그러나 타문화 성경해석학의 방법론에서 통합은 본질상 혼합적syncretistic이라 하며 성경적이고 꾸란적인 해석에 통합하는 접근을 거절한다. 대신에 사상에 관한 자신의 범주들의 면에서 각 책을 이해하고 그 책에 대해 믿는 공동체의 문화적 맥락을 이해하는 분석적 접근을 제시한다.

이슬람 문화에서의 교회에 관해서 쉴로르프가 북아프리카 선교현장에서 이러한 모델을 경험한 이야기를 하면서 피력하기를, 주님께서 부여하신 근본적인 임무, 즉, 복음을 선포하는 것, 새로운 신자들을 제자 삼는 것, 그들을 교회로 모으고 그들이 배운 대로 또 다른 사람들에게 복음을 전수할 수 있는 지도자들로 훈련시키는 것을 수행함에 주의를 기울이지 않고서는 무슬림의 생각과 마음의 문을 열 수 있는 열쇠가 없다고 이야기한다. 이 업무에서 성경번역과 배부는 빠뜨릴 수 없는 부분인데 성경은 이 책임을 수행해내는 데 도움을 주는 가장 중요한 역할을 한다고 결론짓는다.

이집트인 무슬림 개종자인 소비 말렉Sobhi Malek 박사는 복음을 전하는 전도자가 그 자신의 세계관과 문화 가운데서 복음을 수렴자의 문화로 효과적으로 어떻게 "해석"해야 할지를 발견하도록 공부해야 한다고 말한다.136) 이러므로 문화적 적응과 유대를 갖는 것은 중대한 전략이다. 사역자가 사람들을 규칙적으로 방문해서 그들과 같이 앉아서 함께 먹고 다른 활동들에 그들과 같이 시간을 보내는 것이 필요하다.

2004년 파타야 포럼에서 다루는 '문화의 상황화'는, 궁극적으로 말과 행위로 복음을 효과적으로 나누는 것은 신중하고 성경적인 상황화를 요구하는 것이다. 목표점은 복음의 "문화적인 돌출"을 제거함으로 새로운 추종자들이 복음을 타협함이 없이 그들의 상황에 맞는 그들의 문화 내에서 표현하는 것을 발견하도록 하는 것이다. 목표는 혼합주의 보다는 효과적인 상황화이다.137)

"케리그마kerygma 혹은 복음의 씨앗은 '새로운' 문화의 토양에 심겨지고 자란다. 새 신자들은 그 때 그들 자신의 문화 내부에 여전히 남아서 낯설

지 않은 방식으로 복음을 퍼뜨릴 수 있다. 수용적인 것의 스펙트럼은 참으로 광대하다. 성경과 일관성이 있는 것과 이교적인 것에 관한 투쟁, 논쟁, 사투는 계속된다. 타문화권에서의 증거에 의해 초래된 복음에 덧붙여지는 '낯선 것' foreign을 제거함으로써 효과적이고자 하는 실제적인 바람은 늘 어떤 문화(그분 자신의 유대 문화로 시작하는)에 예수의 '예언적인' prophetic 도전이 맞선다. 상황화는 십자가의 스캔들을 제거함이 없이 비성경적인 문화적 요소들의 스캔들을 제거하는 것이어야 하며, 의도된 영향력을 지닌 필수적인 의미를 전하는 의사소통들의 개념들과 방법들의 발견이 결정적으로 중요하다. 상황화는 말, 유추들, 예배 스타일들, 회중의 스타일들 등이 적합한 것을 선택해야 하며 복음을 나누기 위한 올바른 다리를 찾는 것이 중요하다."138)

2004년 파타야 포럼에서 논의된 성경에서의 상황화는 새로운 것이 아니다. 할례circumcision의 장소에 대한 결정은 상황화를 요하는 중대한 쟁점이었는데 일부 사람들은 그것을 강력한 성경적 지원의 빛 안에서 그리스도의 따르는 자가 되는 데 미리 필요한 것으로서 보았다. 바울과 더불어 예루살렘 공의회는 구약성경 구절들에 나오는 할례형식가 더 깊은 의도가 있다고 보았는데 그것은 하나님께의 영적 헌신의미의 표시였다는 것이다. 이러한 결정은 두 중요한 사실을 보여준다.

1) 아무도 그리스도의 추종자가 되기 이전에 다른 문화에 '개종하도록' 요구될 수 없다. 2) 그들 자신의 문화에서 그들에게 복음이 미치도록 하기 위해서는 그리스도의 추종자가 되기 이전에 또 다른 문화로 개종하도록 해서는 안 된다. 성경에 맞고 문화에 관련된 것 둘 다를 맞추는 방식으로 복음을 전달하는 것이다. 상황화 노력들은 속임수의 모양을 피해야 하며 필요한 박해와 어쩌면 순교할 수도 있는 것을 피하려고

하는 시도로 만들어져서도 안 된다. 올바른 균형을 찾도록 노력하되 그들 자신의 전통이나 문화 혹은 교회역사 보다는 될 수 있으면 성경과 그리스도께 완전히 헌신하려는 노력 차원에서 성경의 재조사를 통해 새로운 상황화들로 이끄는 방법을 거론하였다.139)

한편 복음주의 선교회인 SIMServing In Mission International에서 상황화에 대한 심각성을 놓고 신중한 토의가 있었는데 그 내용 중에서 일부를 요약해보면, 성경은 상황화를 위한 주요 원천으로 그들의 신앙들과 어떻게 그들의 상황 안에서 기독교의 믿음을 살아내야 하는지를 알려주기 위한 기본적인 토대이다. 상황화의 진행과정은 규칙적으로 형식과 내용의 쟁점들로 씨름하지만 모든 상황에서 신자들이 겸손하게 그리고 계속적으로 서로 간에 배우는 것이 중요하다고 본다.140) 무슬림 세계의 매우 다양함에 기인하여 무슬림 배경 신자들의 자기 정체성에 대한 단편적인 접근이라면 모든 상황에 적합하지 않다. 기독교와의 역사적 공존, 법적 요구사항들, 종교적 다원주의를 향한 국가적 태도들, 그리고 이슬람의 정통을 향한 무슬림 태도들의 폭넓은 범위는 신자들로 하여금 예수 그리스도를 충성스럽게 따르게 하면서도 어떤 사회에서는 여전히 그들 스스로 '무슬림들'이라 부르도록 크게 영향을 미친다.141) 그러나 모스크는 이슬람에 대한 유일한 예배 및 교육 공간이라고 인식되기에 무슬림 배경 신자가 예수를 영접한 이후에도 모스크를 계속 참석하는 것은 권장될 만한 것이 아니라고 보는 것이다.142)

이번 제3차 로잔대회에서 다른 어떤 발제자는 참여자들로 하여금 무슬림 세계에서 의사소통해온 신학적인 메시지들을 고려하게끔 하였다. 그는 말하기를 오래 써먹은 복음 위에 지어진 제한된 신학은 이 세기의 복잡한 현실들에 비해 너무나 단순하다고 하였다. 그리고 무슬림 세계에서 교회에 대한 더 나은 이해를 가져야 하고 세계의 교회가 이슬람과 관계하려면 사랑과 화해의 본이 될 필요가 있다고 하며 크와쉬Kwashi는 2010년 케이프타운 로잔대회 기초 발제문에서 다음의 세 가지를 논하였다.

첫째, 우리가 어떻게 살아야하고 하나님의 말씀을 복종해야 하는지에 관한 진리를 배우고 받아들여지며 복종되기까지 하나님의 말씀을 계속 가르치려는 단호하고 점증적인 노력이 따른다. 우리는 하나님의 능력이 역사하는 곳에 통로들이어야 하고 그와 같은 통로들은 게으름, 자기위주, 불성실 혹은 어떤 다른 종류의 죄에 의해 막히게 되어서는 안 된다.

둘째, 복음은 하나님을 섬김에 있어서 희미해지지 않는 일관성을 지니고 살아내야 한다. 우리는 모든 곳에서 언제든지 복음을 전하고 살아내는 것이 무엇인지 작고 큰 것들에서 모범으로서 사람들에게 보여야 한다.

셋째, 우리는 부지런하고 성실하게 복음을 진실로 믿는 그리스도인으로서 살아가고자 애써야 한다. 우리는 모든 것에서 하나님께 영광을 돌려 드리며 우리가 행하는 모든 것에서 우리의 믿음을 전해야 하고 우리 주변 사람들에게 축복을 전해야 한다.143)

이것이 로잔의 또 하나의 초점인 '복음의 능력'이다. 그리스도인으로서 특히 다른 세계의 믿음을 따르는 사람들을 향한 사역은 희생의 값을 치루지 않고는 이뤄지지 않는다고 본다. 복음의 메시지를 몸에 지닌 사람들은 위협, 굴욕, 박해 그리고 고난을 경험할 수도 있다는 것을 상기시켰다.144)

크와쉬는 로잔의 초점인 진리와 정의, 고난과 핍박에 대해 언급하였다.

"복음을 받아서 믿는 사람은 누구나 그 진리를 늘 모든 사람에게 말해야 하며 사랑 가운데 그렇게 행해야 한다. 진리 안에 사는 것은 압박받는 사람들 가운데 정의를 위해 서있는 것과 인종, 종교, 국적, 성별에 상관없이 모든 사람에게 정의를 베푸는 것을 주장해야 하는 것이다. 하나님의 의를 우리 가운데 나타내는 것이 복음의 능력이고, 우리로 그와 같은 태도(불신자들도 복음을 믿는 자들을 통해 의가 실천되는 것이라는 것을 인정하는) 가운데 의로운 삶을 살도록 힘을 부여하는 것이 복음의 능력이다. 복음을 믿지 않는 사람들은 그들이 의를 실천하고 성결 가운데 사는 사람들을 볼 때에 더 잘 이해한다. 이러한 방식으로 복음을 증거하는 것은 자기가 죽고 그리스도를 위해 사는 것을 의미한다. 이러한 방식으로 사는 것은 이 세상에서 그리고 하늘에서 영원히 보상을 받을 것이다."145)

로잔의 결론은 우리 그리스도인들이 모두 변화되어 변혁의 삶을 살아가야하며 복음의 능력으로 영향을 미치도록 박차를 가하자는 것이다. 이에 대해 크와쉬는 말한다.

"다른 믿음의 사람들에게 그리스도의 사랑을 증거하는 것은 근본적으로 학술적인 논쟁의 문제, 원탁의 토의, 매스미디어의 공격 등을 하는 것이 아니다. 그것은 단순히 날마다 다른 사람들이 우리를 보면서 도전을 받고 놀라는 것과 같이 성령의 능력 안에서 그리스도의 복음을 살아가는 것이다…이것은 총회장이나 사제에게만 속한 것이 아니라 모든 그리스도인 즉, 젊거나 노년이거나, 교육을 받았거나 문맹이거나 부유하거나 가난하거나 상관없이 모든 그리스도인에게 속한 것이다."146)

더 나아가서, 무슬림에게 복음을 미치는 데 필요한 행동에 대한 제안으로 2004년 파타야 로잔포럼에서 다음과 같이 촉구하였다.

"우리는 교회들이 이슬람에 대한 연구를 진지하게 하기를 요청한다. 이슬람이 다양한 가운데서도 그 종교의 사상과 역사의 진정한 성격을 규명하기 위해 찾아야 한다. 그것은 그리스도인들에게 정치적이고 원리주의적인 무슬림의 도전뿐만 아니라 이슬람과 무슬림들의 다양성에 대해 알려 줄 것이다.147) 우리는 모든 지역교회와 모든 훈련기관에 있는 모든 그리스도인이 무슬림들을 이해하고 그들 가운데서 사역하도록 동기가 주어지고 무장되기를 촉구한다. 지역교회 수준에서의 훈련은 목회자들과 회중의 필요들에 역점을 두어 다루어야 하며 다음 사항들에 초점을 두어야 한다. 1) 무슬림들을 향한 두려움과 편견을 극복하는 것, 2) 사람들로 하여금 무슬림과 이웃으로 더불어 어떻게 살아야 하는지에 관한 정보를 포함하여 무슬림들과 긍정적인 관계형성을 하도록 동기를 부여하는 것, 3) 이슬람과 무슬림들의 다양성에 대한 정확한 정보를 제공하는 것, 4) 무슬림 배경의 신자들을 어떻게 환영하고 돌보아야 하는지에 초점을 두는 것이다. 기독교 훈련 기관들은 모든 수준의 교육에 이슬람과 무슬림들에 관한 주류의 가르침에 참가시킬 필요가 있다. 모든 신학교는 이슬람에 관한 어떤 수준의 훈련을 제시해야 한다. 그들 중 스스로 무슬림들 가운데에서 증거하는 데 헌신한 실천가들은 특별하고 적극적인 훈련을 필요로 하고 그들의 사역 전반에 걸쳐서 재무장을 해야 한다. 우리는 교단들, 선교단체들, 신학기관들, 지역교회들이나 무슬림 아웃리치에 전문화된 인력들이 훈련을 받도록 요청한다. 또한 우리는 온 교회가 무슬림 선교를 지원하는 방식으로 연구와 개발의 노력들을 쏟도록 요청한다. 무슬림 배경 신자들의 필요에 대해 그리고 그들을 어떻게 가장 잘 돌볼 것인가를 초점에

두는 훈련과 연구가 긴급하게 필요하다…우리는 세계 전역의 교회가 무슬림 선교를 지원하면서 인력들과 자원들을 동원할 것을 요청한다. 이것은 네트워크의 개발과 강화를 포함하고 사역자들을 키워내는 것을 포함한다. 이 동원의 기초는 영적 부흥으로 이끄는 기도의 요청이어야 한다. 훈련하는 것은 교회를 동원하는 데 매우 중요한 구성요소이다. 그들 자신의 공동체에서 시작하여 무슬림들에게 복음 전도하는 일에 모든 곳에 있는 지역 모임의 평범한 그리스도인들이 가담하도록 동기를 부여하는 일에 전문기술을 지닌 개인들과 조직들이 헌신하도록 요청한다. 무슬림 배경 신자들은 이 안에 지극히 중요한 역할을 두어야 한다. 그리스도인들이 무슬림 이웃들, 친구들, 동료들 그리고 접촉자들과 나란히 사는 것과 더불어 진정한 그리스도인으로서의 정체성을 유지하는 것이 필수적으로 중요하다. 그와 같은 정체성은 장애물들을 무너뜨리고 무슬림들에게 하나님의 사랑을 나타내 보인다. 그러므로 우리는 어디에서든지 무슬림들과 나란히 이웃과 일터에서 있는 그리스도인들이 그들의 믿음을 의도적으로 살아내는 것이 가능하도록 촉구한다. 그리고 무슬림들과의 접촉에서 물러서지 않도록 촉구한다. 우리는 성령께서 지속적으로 사람들에게 찾아가서 장기간의 토대 위에 무슬림들 가운데서 사역하도록 요청하시는 것을 믿는다. 역사적으로 교회는 무슬림들에게 복음을 들고 가야하는 도전을 간과하거나 무시해왔다. 심지어 오늘날에도 타문화권 사역에 가담된 사람들의 낮은 비율만이 무슬림들과 일하고 있다. 무슬림들 가운데서 일하도록, 모든 곳에 지역 교회을 통해 새로운 회원을 모집하고 내보내도록 해야 한다. 모든 국가에서 사역자들을 크게 필요로 한다. 동원에 있어 온 교회와 기관들 간의 협력을 위하여 그리고 타문화권 아웃리치에서의 독창력을 위한 가능성들을 조율하도록 요구한다. 우리는 교회가 소홀히 대했던 무슬림 미전도 종족들을 향한 선교적인 노력들을 찾고, 인식하고,

초점을 두도록 촉구한다. 우리는 지역 목회자들이 그리스도 안에서 무슬림들을 믿음으로 이끌고자 노력하고 있는 것에 대한 간증들을 나눌 기회를 가질 것을 촉구한다."148)

2004년 파타야 로잔포럼에서 강조하는 바는 무슬림 개인과 무슬림 공동체마다 예수 그리스도의 복음을 들어야 할 권리가 있다는 것이다. 온 세계의 교회는 무슬림과의 복음을 나누는 일을 미룰 수 없고 미루어서도 안 된다. 그리스도의 사랑이 우리에게 요청하는 헌신은 진실로 삶을 보여주는 관계의 맥락에서 분명하고도 적절하게 우리의 믿음을 전달하는 것이다. 그것이 미전도 종족이든 옆집에 사는 무슬림 가족이든 그들 모두가 예수 그리스도의 복음의 구원하는 메시지를 들을 필요가 있다. 교회지도자들, 중보기도자들, 비전을 품는 자들, 보통 그리스도인들이 무슬림 남녀들, 소년과 소녀들, 그들의 잃어버린 자들을 위한 열정을 사역의 초점과 중심에 두어야 하며149) 그리스도를 위해 무슬림들에게 복음을 미치는 데 성령의 큰 역사를 온 교회가 기대하며 기도해야 할 때이다.150)

2004년 파타야 포럼은 전인적인 접근을 논하였다.

"하나님은 육체, 혼, 영을 지닌 사회적인 존재로 우리를 지으셨다. 그분은 우리 삶의 모든 면 중 특별히 회복과 행복에 흥미를 두신다. 부분적으로가 아니라 전체로서 말이다. 참으로 전인적인 접근은 영과 혼뿐만 아니라 신체의 필요에 대한 돌봄을 요구한다. 일하시는 성령과 함께 이러한 접근을 가진 사역들은 궁극적으로 하나님의 사랑과 능력 안에서 개인들과 공동체들의 변혁으로 이끌 것이다. 아직까지 복음이 미치지 못한 사람들 가운데 사역하고 있는 사람들 대부분은 우리의 목표점이 이 민족그룹들의 변화를 가져오는 개발이라는 것에 동의할 것이다. 사회적이고 물리적인 개발과 교회 설립은 전체 중의 필수적인 부분들로서 보인다. 전인적인 접근은 한편으로는 성경적 진리의 선포와 다른 편에서는 물리적이고 감정적인 필요들에 응하는 하나님의 돌보심과 관심의 실제적인 명시가 균형을 갖추는 것을 의미한다. 물리적인 필요들에 대한 사역은 의약, 간호, 농업, 물과 위생, 경제적 개발, 훈련과 교육, 하부구조, 커뮤니티 개발 등을 포함한다. 사회적 필요들에 대한 사역은 불구자, 거리의 아이들, 마약 중독과 강한 커뮤니티 관계를 짓는 것을 포함할 수 있다. 영적인 사역은 신자들이 증가되도록 당대 문화의 세계관과 조화하여 복음의 예민한 선포를 포함할 수 있다…또 다른 주요 원칙은 자기의 목숨을 예수를 위해 기꺼이 내어놓고자 하는 것이다. 아직까지 복음이 미치지 못한 사람들에게 희생을 기꺼이 하려고 하는 것과 실제적인 희생 없이는 복음이 미칠 수 없을 것이다."[151]

2010년 케이프타운 로잔대회에서 폴 에쉴맨Paul Eshleman은 말하였다.

"우리는 세계 전역에 걸쳐 가장 큰 종교권을 향해 사랑과 기도의 계획적인 시범이 필요하다."[152]

그리스도인들은 폭넓은 사회에서 종교의 자유가 주어진 대로 서로 함께 어울린다. 종교와 사회가 맞물려 있으며, 우리의 믿음은 하나님 나라의 완전한 통치가 올 때까지 문화를 변혁해야 할 과제를 갖고 있다.[153] 영적인 관심에도 불구하고, 종교는 우리에게 사회적으로 영향을 미친다. 이와 같이 종교적 자유는 오늘날 사회에서 교회가 먼저 유리한 점을 갖는 중요한 쟁점이다. 다음 장에서는 이러한 종교적 자유와 권리가 이슬람 국가나 타문화에 비해 남아프리카의 무슬림들에게는 어떻게 받아들여지며 우리 그리스도인은 어떻게 대처해야 하는지 살펴본다.

09
복음화의 방향

2010년 1월 퓨 포럼Pew Forum에서 산정한 무슬림 수치 통계에 따르면, 세계 인구 69억의 23.4%에 달하는 16억 2천만 무슬림 인구 중 아시아 태평양 지역에 10억62.1%, 중동과 북아프리카에 3억 2천 2백만19.9%, 사하라이남 아프리카에 2억 4천 3백만15.0%, 유럽에 4천 4백만2.7%, 그리고 아메리카에 5백 3십만0.3%이 살고 있다.154) 아프리카 대륙의 1/3이 거주하는 북쪽의 국가들에는 무슬림들이 대부분인구의 99%까지이다. 이것은 우리가 오늘날 아프리카에 있는 아랍 국가들이라고 알고 있는 이집트, 리비아, 튀니지, 알제리, 모로코, 모리타니, 그리고 수단을 포함한다. 이러한 이슬람 국가들 내부에도 전 세계의 어느 나라들과 마찬가지로 세속화의 바람이 불고 있으며 서구의 영향도 받는다. 무슬림 정부는 이러한 과도기에 급속도로 더해가는 현대화와 세계화의 쟁점들에 반응하며 적응해 가고 있다. 그러나 이러한 현상을 보고 이슬람 종교가 흔들린다고 할 수는 없다. 이슬람은 다양한 모양으로 오늘날에 적합한 상황화를 꾀하고 있기 때문이다.

두 번째 층의 서아프리카에서 소말리아, 차드, 니제르, 말리, 세네갈, 기니와 같이 대부분이 무슬림 인구이거나 나이지리아, 에리트레아, 에티오피아와 같이 대략 절반의 무슬림 인구를 지닌 국가들은 아프리카의 전통종교와 혼합된 미신과 영성을 가미한 민속적인 수피 이슬람이

나 수피적인 민간 신앙의 요소가 강하고 급진적인 이슬람주의와 무슬림법의 제정, 교육, 상권 등의 쟁점이 부각된다. 한편 동아프리카를 비롯한 거의 모든 다른 아프리카의 국가들은 소수의 무슬림 인구들이 있지만 남아프리카의 경우와 같이 잘 교육받은 무슬림 개인이나 조직들이 서서히 자리를 잡아 가고 있기 때문에 수적으로 보이는 것보다 내적으로 훨씬 더 이슬람의 강세를 보인다.155) 이슬람이 비이슬람 국가들에서 영향을 미치고 있는 모습은 마치 유럽 기독교의 약화와 더불어 기독교가 이슬람의 급증을 되쫓는 현상을 연상케 한다.

　이러한 발달된 문명과 세속 사회 속에 있는 무슬림들은 세계를 향하여 그들의 삶의 방식이 다른 사람들보다 더 낫다는 확신을 가진다. 오늘날 이슬람의 공통점은 가장 먼저 경제력에 승부를 거는 듯이 보이며, 전 세계적으로는 공동체 의식 그리고 각 지역에서는 독특한 상황의 다원화 가운데서도 단일화를 적절히 꾀하는 전략을 보이고 있다. 그리고 진리, 상황화문화, 내부자 운동을 포함한, 세계화, 박해, 화해, 접근 방법, 성령의 능력, 제자훈련, 사회봉사, 대화교리, 실천적 신자의 삶 등의 주제는 이제 기독교 진영에서만 생각하는 문제가 아니다.156) 그리스도인과 무슬림은 어떤 생각의 차이로 서로 부딪히는 정도가 고조되는 경우를 보인다. 한 실례로 짐바브웨에서 빚어진 무슬림들과 복음적인 그리스도인들과의 관계를 들 수 있는데, 짐바브웨에서 작은 무슬림 공동체와 거대한 그리스도인 공동체 간에 긴장이 고조된 적이 있었다. 이 관계는 한 복음주의 교단Evangelical Fellowship of Zimbabwe이 대다수 그리스도인이 소비하는 소고기를 무슬림이 도살하도록 고용하는 것을 보고 이를 억지로 정부로 하여금 중지하게 하려는 목표로 삼고 캠페인을 벌였을 때 극심해지게 되었다. 이 캠페인은 그리스도인들이 수퍼마켓에서 할랄halal이라고 증명된 상품들을 구매하지 않도록 조장하였다.

그리고는 다음과 같은 해석의 문제가 바로 뒤따랐다.

"가장 흥미를 끄는 것은, 학교 안에서 주님의 기도와 성경 지식의 가르침에 대한 불평이 할랄 고기의 생산과 그 과정에 드려진 무슬림 기도에 대한 그리스도인의 반대와 본질상 같다는 것이다. 서로에게 있는 의심은 두 신앙 간의 대화 부족의 직접적인 결과임에 틀림없다. 두 쟁점들은 짐바브웨의 제3의 기관들에서 종교 간의 대화 커리큘럼의 개발을 위해 긴급히 필요한 것이라고 강조하는 데 소용된다…우리의 교육 기관들은 미래의 지도자들인 학생들이 그들 자신의 종교보다 다른 종교들의 신앙 체계들을 알도록 하기 위해 종교 간의 대화 커리큘럼들을 생각해 내야 한다. 지식의 부족은 의심을 낳고 더 나빠진다…"157)

이 사건은 무슬림들이 그 국가에서 소수민이라 할지라도 분명 그들이 주장하는 목소리가 있으며 더욱이 다문화와 다원화 사회에서 교회가 상대방을 이해하고 배려하는 자세를 취하지 못하고 긍휼과 사랑으로 그들을 대하지 못했을 때 빚어진 문제로 볼 수 있다. 자기중심적이고 내부적인 것에만 초점이 맞춰져서 복음이 미치지 않은 사람들의 호소는 귀에 들어오지 않는다. 그래서 지엽적인 문제나 종교적인 민감한 문제로 상대방의 감정을 건드려 정작 그들 영혼에게 복음을 제시하도록 부여하신 주님의 지상대위임령과 책임을 인식하지 못한다.

유럽의 기독교 상황과는 좀 다르게 남아프리카의 교회들은 부흥하고 있고, 자국인 그리스도인들이 선교사의 부름에 응답하고 있으며, 교회는 무슬림들을 전도할 기회를 바라보고 있다. 일부 교회들은 그들에게 복음을 전달하려고 취해야 하는 것을 하고자 하는 바람은 있으나 막상 자원들을 갖고 있지 않다고 느낀다. 지금 당장 많은 수효의 무슬림들이 복음에 반응하고 있지는 않지만, 무슬림 복음화와 관련한 하나님나라의 확장을 위해서 교회가 그들에게 어떻게 최상으로 복음을 전달할 수 있는지에 대한 문제가 아프리카에 가장 뜨거운 연구 주제 중의 하나가 되고 있다. 하지만 그 그림이 아직 개발되거나 개선되고 있는 조짐이 보이지는 않는다. 게다가 복음주의자들은 이러한 복음 선포 부분에 신학적 연구와 그들의 노력들을 개선하기 위한 숙고들 보다는 사회 구원이나 사회과학적 도구들에 더 의존하고 있는 것처럼 보인다.

무슬림들 가운데 사역하고자 하는 그리스도인 사역자는 당면한 문제나 일어난 장애들을 이해해야 하고 그들이 넘어야 할 벽들에 대해 생각해야 한다. 필 파샬은 말한다.

> "타문화권 의사소통자들은 복음을 제시하는 데에 서구문화와 혼합한 복음을 제시하지는 않는지 주의해야 한다. 서구가 기독교의 중추인 것의 결과로서 여러 세기들에 걸쳐 기독교에 누적되어 온 것들이 가능한 대로 피해져야 한다."158)

사회복음과 기독교의 세속화가 기승을 부리는 이때에 기독교 선교사들은 서구의 문화와 분명히 다른 복음을 제시해야하고 서구의 문화가 이슬람 세계에서 여전히 관련되고 수용될 만한지 성경적 복음의 성격에 비추어 재고해야 한다. 교회가 에이즈나 부도덕, 범죄에 대한 문제만 안고 있는 것이 아니라 사회가 안고 있는 여러 문제들을 처방하고 해결해주고 있다는 것을 보여주어야 한다. 이러한 방식으로 교회가 선포하기를 원하는 복음의 내용을 사회 속에서 구체적으로 구현해야 한다.159) 신앙과 삶이 함께 가는 것이다. 그래서 이것이 귀감이 되어 자연스럽게 그리스도의 문화로 이어가는 변혁의 모습을 띠어가야 한다.

물론 우리가 다른 문화에 얼마나 민감한지와 상관없이, 우리가 복음을 상황화하는 것과 별개로 그리스도의 십자가의 도에 대한 반대가 여전히 있을 것이다. 상황화는 부정적으로 기독교 믿음의 유일성에 대해 타협하는 것이 아니며 문제를 해결하는 열쇠도 아니다. 결국은 세계복음화에 살아 역사하시는 삼위 하나님의 통치를 믿고 인간적인 방법들에 지나치게 결과를 기대하는 것을 피해야 한다. 하나님나라와 의의 계시를 증거하며 성경의 진리를 최우선으로 선포하는 것이 중요하다. 남아공과 같이 신앙이 자유로운 남아프리카의 나라들은 상황화 부분에서 무슬림 문화의 사회적, 정치적, 경제적 상황을 적절히 해석하고, 이와 함께 커뮤니케이션을 중요하게 여겨야 할 것이다. 본서의 2부에서 살펴보겠지만 타종교와 교리적인 접근에서 "공통의 말씀"에 대한 논의와 그리스도인의 입장 표명은 균형잡힌 좋은 상황화의 한 예라 생각해 볼 수 있다.160) 주변의 무슬림들을 이웃으로 생각하게 될 때에는 그들의 문화와 사상을 헤아리고 존중하며 관심을 가지고 그들에게 찾아가서 그리스도의 복된 소식을 소개하려는 뜨거운 마음 등의 긍정적인 태도가 생겨날 수 있을 것이다.

남아공화국에서 무슬림 소수민161)은 다원주의적인 세속 사회에서 무슬림으로서 어떻게 살아갈 것인가, 무엇이 조건들이고 요구사항들인가, 그들이 의미하는 바는 무엇인가, 그리고 도전들은 무엇인가에 관한 문제들에 봉착했다. 이러한 시점에서 타리끄 라마단Tariq Ramadaan 교수162)는 정체성에 관한 질문에서 세계 전역에 일어나는 현상들인 다원주의와 세속주의를 말한다. 그는 또한 가치 체제가 변하고 이주와 같은 세계화와 그 영향에 대해 말한다. 그는 이러한 문제들에 대해 남아공의 무슬림들이 해답을 모두 가지고 있지 않다고 하며, 새로운 종교의 시야를 가져야 하는 시대에서 그들 스스로가 고립되거나 배타주의자의 생각을 가질 필요도 없다고 역설한다.163) 라마단은 계속하여 말한다.

"아랍어가 꾸란의 언어인 반면에 아랍 문화(예를 들어 흔히 여성이 활발한 공동체 참여에서 배제된 것으로 특징지어진)는 이슬람이 아니고, 무슬림들은 지배적인 경제적 질서에 순응하는 대신에 그것을 변혁하는 데 한층 기여할 수 있었다."164)

고가Goga는 여기에 보태어 말한다.

"그것은 우리 자신을 우리의 무슬림 정체성에서 갈라놓지 않으나 우리 자신을 맨 먼저 인간으로서 이해하게 하고, 모든 인간에게 자격이 부여된 것 같이 그것이 우리에게도 부여되어 있는 것이다. 우리는 어느 누구나 무엇이든 할 수 있듯이 우리가 옳다고 생각하는 것을 위해 투쟁할 수 있으나 우리는 이 투쟁을 우리 자신들을 발견하는 상황들 이내에서 행해야 한다…"165)

고가의 요점은 매우 단순하다. 만일 무슬림들이 사회-경제적, 종교적, 정치적 상호관계들의 정체성 역학identity dynamics을 갖춘 남아공 사람인 것을 숙고한다면, 그때는 그들이 국가의 시민들이 준수하는 통합된 법으로서의 정체성을 품고 그들의 원칙들에 관해 자신 있게 기여하여야 할 것이라고 말하면서 고가는 자기 정체성을 아래와 같이 언급한다.

"남아프리카공화국에서 우리는 상대적으로 종교의 자유를 갖고 있기에 우리는 참으로 다른 사람들보다 편협하지않고, 더 포용적이 되도록 열심히 노력한다. 아마도 정체성을 옹호하기 위한 최상의 방도가 우리 매일의 상호작용들을 통하여 우리 자신을 인지하여야 하는 것이기 때문이리라."
166)

게다가 또 다른 문제를 안고 있는 것을 칼리드 디압Khaled Diab이 피력한다.

"서구에서 많은 사람은 정치적인 이슬람에 의해 제기된 위협을 두려워한다. 그러나 가깝게는 가정에서 더 불길한 위협이 있다…매번 이슬람주의자들에 의한 테러 공격들 후에 서구에 거주하는 수많은 무슬림들이 실재하는 가운데 무슬림 문화의 "이슬람화"에 대한 두려움들이 보수적인 그룹들에서 일어난다. 일부 조사들을 선택적으로 읽어 제시하고 무슬림 사회의 잔류와 급진적인 이슬람이 작은 공동체에게만 어필하는 것과 똑같은 진보주의의 가치들을 대부분 서구 무슬림들이 나눈다. 정치적인 이슬람은 세속적인 가치들에 위협을 가할 수 있고 가한다. 무슬림 국가들은 제외하고 말이다. 유럽에서 무슬림들은 그들에 대한 종교적 위협들이 있는 서구사회를 지켜볼 필요가 있다."167)

위와 같이 남아공과 같은 서구의 분위기에 있는 무슬림들의 의식은 만만치 않게 다각도로 생각하고 있으며 자기 정체성을 갖추고 자기를 공동체 가운데서 지키려고 대비한다.

가난한 국가들에서 온 이주민 가운데 수많은 무슬림이 남아공에 와 있다. 이들은 대체로 더 나은 삶과 생존을 위해 넘어온다. 무슬림들이 여러 가지 이유들로 다른 지역에서 꾸준히 남아공으로 이주해오고 있다. 수많은 진취적인 사람들이 들어와서 문화 사업을 벌인다. 터키, 이집트 등에서 사업을 펼치러 온다. 그들은 무슬림 이웃, 친구, 동업자, 동료시민으로 짧은 시간에 삶의 방식을 앞서가고 완전히 서구화된다. 이전에 우리가 알지 못한 새로운 종류의 무슬림을 대한다. 무슬림들은 일자리와 학업 때문에 서구에 여행을 하고 있다. 그들은 서구사회에 보이는 많은 교회의 번영과 영향에 대해 호기심이 많다. 우리의 선교현장과 대상이 가까이에 와있는 것이다. 그들은 잘 짜인 프로그램뿐만 아니라 예상치 않은 기회들에도 그들의 믿음을 보이거나 종교 간의 대화에 적절히 대응할 준비가 되어있다. 이러한 면만 보더라도 남아공은 현재 서구 상황의 주목할 만한 원형이 여러 해 전부터 이어졌다.

오늘날 남아공의 웨스턴케이프에는 초기 국외 추방자들의 후손들인 "케이프 말레이"Cape Malays로 보통 불리는 무슬림들이 서양의 문화와 언어를 차용하여 영어와 아프리칸스어Afrikaans를 모국어로 말하며 원래의 고국 언어와 연결망을 사실상 잃어버렸다. 1860년경에 영국이 노동자로 도시 더반Durban에 데려왔던 인도인들의 후손 중에서 무슬림들은 케이프 지역뿐만 아니라 트란스발Transvaal, 나탈Natal 지역 곳곳에 분포되어 있다. 이들도 서구의 문화와 언어를 차용하여 보통 집에서 영어를 쓰며 구세대는 여전히 우르두어Urdu와 구자라트어Gujerati를 흔히 쓴다. 그들은 완전히 서구화되었고 그들의 동포들과 자유롭게 의사소통을 한다. 상당한 수의 무슬림들이 지배적으로 기독교 사회의 한가운데서 살고 있는 것이다. 대부분 지역의 복음주의적인 개신교회들이 오래 전에 설립되었는데 남아공의 특이한 점은 약 2백년 전부터 무슬림 공동체가 기독교 교회의 강력한 본거지에 살아오면서 여러 세대동안에 서구화의 진행과정이 완전히 이뤄졌고 이들은 기독교 언어들로 말하면서 지배적인 개신교 사회에 자유롭게 흩어져 있다. 이것이 오늘날 교회에 주는 의미가 무엇인가?

알란 보색Allan Boesak은 이러한 상황을 잘 묘사해준다.

"남아공에서 무슬림과 그리스도인 간의 관계형성은 깊게 자리 잡은 역사적, 정치적, 가족의 유대에 뿌리를 둔다. 인종차별정책apartheid에 대항하여 투쟁하는 동안의 그들이 공유해온 개인적이고 정치적인 경험들은 그들로 공유가치들(삶 가운데 투쟁해 오면서 값을 헤아릴 수 없을 정도로 중요하다고 검증한)을 발견하도록 도왔다. 무슬림 세계와 서구 간의 긴장들 또한 남아공에 영향을 주고 종교 간의 관계와 협동을 위한 새로운 도전을 형성한다…케이프타운 내부 혹은 근교에 유색인종 커뮤니티coloured communities라 칭하는 그리스도인-무슬림 관계에 관해서는 우리는 아주 오랫동안 함께 살아왔고 어느 누구나 기억하는 서로 한 이웃이 되어 왔고, 인종차별정책의 집단 거주지역법Group Areas Act 168) 아래서 똑같이 격리된 친한 이웃사이로 함께 내쫓겼다. 함께 우리는 똑같은 굴욕을 주는 인종차별 등급 매김의 수초를 겪었고 우리는 똑같은 사회적이고 정치적인 신분이 할당되었다.169) 우리가 함께 기뻐하는 거룩한 날들인 크리스마스와 이드Eid: 이슬람의 축일에 선물들을 나누며 서로 축복하고, 사순절과 라마단 기간 동안에 서로를 위해 기도하며, 학교에서 형성된 우정들은 내 소중한 경험이고 지속되며 더 나아가 인종적이거나 종교적인 긴장들에서 자유롭다. 그리스도인과 무슬림들 간의 결혼은 해를 거듭하여 자주 있고 가족의 유대들은 강하거나 약하거나 가족들 스스로 평범하기를 원한다. 똑같은 가족 이름이 전혀 당황함이 없는 느낌으로 나눠지지만 아흐맡 판 헤이닝엔Achmat van Heyningen 혹은 파티마 필윤Fatima Viljoen과 같이 한 이름에 걸쳐서 있을 때는 해를 거듭하여 생성된 혼합을 얼마나 진실로 기뻐하는지를 깨닫는다."170)

남아공 무슬림들은 누구나 접근하기 쉬운 기독교 공동체의 한가운데에 산다. 그들은 눈에 두드러질 정도로 친절하게 반응한다. 그들은 교육을 통해 서구의 환경에 익숙해 있다. 이 나라에서는 다른 어느 나라에서 보다도 무슬림들 가운데 효과적인 형태의 복음전도를 위한 엄청난 기회들이 보인다. 우리 그리스도인은 지금 상당한 이점들을 갖고 있는 것이다. 서구화된 남아공에서 무슬림들이 점점 더 서양의 문화를 수용하고 있다.

개화된 무슬림들은 서구 문화가 제안하는 온갖 문명화의 혜택을 그대로 받아들이지만 그럼에도, 기독교 문화와 스스로 거리를 두며 남아공 사회에서 개인의 탐닉이나 비종교적인 물질주의, 성적인 방종 등 그들이 누릴 수 있는 개인적 자유에 대해 혹 그들에게 불리하게 미치는 영향에 대해 민감하다.

무슬림 땅에서의 기독교 선교사들은 자주 문화충격에 대비해야 한다. 많은 사람이 서구문화를 수용하는 것에 실패하든지 또는 서구문화와 기독교가 동의어가 되어 마치 개종자들을 서구화시키려고 하는 듯이 보이든지 효과적인 면에서 복음전도가 제한적이었다. 그러나 남아공의 무슬림들은 그리스도인과 오래 전부터 어울려왔고 또 이미 서구화되어 있어서 문화적인 장벽이 없다. 전도하는 방법이나 형식이 서양 문화나 무슬림 문화와 관계없이 자유로워진 것이다.

무슬림 국가에서는 그리스도인 남자가 무슬림 여자에게 복음을 전하는 것은 어렵다. 왜냐하면 무슬림 여자들은 베일에 의해 공중 사회에서 격리되어있기 때문이다. 여인들만이 그들에게 복음을 미칠 수 있다. 그러나 남아공의 경우는 다르다. 그리스도인 남자가 무슬림 여자에게 복음을 전하기에 전혀 무리가 없다. 개방된 소수민 무슬림들의 문화가 무슬림 국가의 체제와 다르기 때문이다. 무슬림 여성들은 무슬림과 그리스도인 간의 유사점이나 차이점들을 피상적으로 안다. 특히 교리 면에서 하나님, 죄, 뉘우침, 은혜, 구원, 기도, 천국, 심판 등의 공통적인 용어들을 사용하기에 그들도 대충 들어서 알지만 사실 이 용어들의 의미가 서로 판이하게 다르다는 것을 잘 모른다. 이 차이들이 상호 간의 이해나 의사소통에 도움이 될 수 있고 장애가 될 수도 있다.

무슬림 국가에서 사역하고자 하는 선교사 후보들은 보내진 그곳에서 무슬림들에게 복음 전하는 것을 시작할 수 있기 전에 타문화사역을 위한 준비뿐만 아니라 외국의 언어를 배우는 데 수년의 시간을 보내야 할 것이다. 그러나 남아프리카의 경우는 다르다. 남아공의 경우는 대부분 무슬림이 이 나라에 복음을 처음으로 가져왔던 사람들의 모국어였던 영어 혹은 아프리칸스어를 사용한다. 그들은 압도적인 그리스도인 사회의 언어들을 차용해야 할 것이고, 이것은 선교사에게는 훌륭한 이점이다. 남아공은 무슬림들이 같이 살기 때문에 본국 문화와 환경 가운데 우리는 언어를 배우는 어려움 없이 그들과 자유로이 대화할 수 있다. 이 언어를 사용하면서 그리스도의 메시지를 바로 전할 수 있다. 법적으로 제한도 없다.

남아공에서 그리스도인의 이점은 무슬림 개종자가 기독교적 환경에서 완전히 정착할 수 있는 확률이 높다는 점이다. 그리스도인이 절대적으로 많은 남아공에서는 무슬림이 그리스도인으로 개종하여 스스로 무슬림으로 남아있을 이유가 없다. 개종의 문이 넓게 열려있다. 이슬람에서 기독교로 개종하는 것은 통상적으로 가족과 무슬림 사회에 대한 배신으로 간주된다. 그래서 개종 후 압박을 피하려고 스스로 집을 떠나는 경우도 흔히 있다. 그러나 남아공에서는 반드시 그런 것은 아니다. 같은 도시에서도 지역이나 환경에 따라 다르다. 한 가족 내에 무슬림과 그리스도인이 같이 어울려 사는 경우가 허다하며 개종하여 집을 떠나

기도 한다. 그것이 꼭 압박의 이유 때문은 아니다. 이슬람은 신앙과 삶의 전반에 영향을 미치기 때문에 그 울타리의 굴레에서 벗어나는 것도 필요하기 때문이다.

인간의 지혜와 노력 가운데 결국은 성령께서 역사하시는 일이지만 우리 그리스도인은 무슬림 이웃과 나눌 복음이나 삶이 그들에게 모호하지 않도록 우리 자신부터 스스로 점검해 보아야 한다. 우리가 전하는 메시지에는 그들에 대한 편견이나 유착이 있을 수 있다. 우리 그리스도인은 무슬림 이웃을 위해 우선적으로 기도해야 한다. 우리가 그들에게 실수를 범했을 수도 있고, 그들이 신앙심이 깊거나 무속적이거나 정치적이거나 혹은 형식적인 신앙인일 수도 있다. 그들을 제대로 구분하지 못할 때도 있었을 것이다. 세속화, 도시화, 세계화 그리고 다원화되어 가고 있는 다변화의 사회 속에서 무슬림들은 이에 맞서 싸우기도 하며 한편으로는, 이를 상황화하고 재해석해가면서 그들의 정체성과 삶의 의미를 되새기며 살아가고 있다. 분명한 것은, 서로 비슷한 점이 있다고 이슬람을 현상학적으로만 바라보고 접근하는 것이 아니라 막연한 불안과 두려움을 가진 무슬림 친구들을 가슴 깊이 이해하려는 노력이 우리 그리스도인에게 더욱 필요하다.[171]

남아공에서는 폭넓은 기반에서 복음화 운동이 필요하다. 그리스도인들은 사무실이나 공장, 학교, 스포츠, 병원 등의 삶의 일터에서 무슬림을 만나고 있다. 이들이 풀타임 직업으로 가까이에 있는 무슬림 동료들을 복음화하는 데에 영향을 미칠 수 있다. 여기에 우정전도가 중요하다. 남아공의 대부분 무슬림 개종자는 말하기를 여러 형태의 사랑과 개인적으로 보인 관심, 수용, 인내가 그들을 기독교로 개종하게 됐다고 말한다. 복음뿐만 아니라 그들의 두려움이나 필요사항, 희망, 기쁨이나 슬픔 등에 대해서도 나눌 수 있다. 남아공의 그리스도인은 같이 어울려 살고 있는 무슬림 이웃에게 복음의 선포와 더불어 사회적 관심을 표명하고, 그들을 향한 관심의 표현과 사랑스러운 연민의 정을 쏟으며 구제와 치료하고 필요한 부분에 보탬이 되고, 그리스도인으로서 사회의 모범으로 봉사해야 한다. 온전한 메시지로 전인사역을 우리의 삶 가운데 드러내야 한다.

이번 로잔대회에서 가톨릭과 세계교회협의회의 지도자를 초청한 것과 같이, 남아공의 다양한 지역교회가 교리적 차이가 있지만 성경을 기초로 하여 서로 연합하여 공동으로 협력하는 정신으로 말미암아 그동안 소홀히 대한 무슬림의 영혼을 돌보는 데 집중하고 그들과 실제적으로 부딪히는 문제에 신경을 써야 한다. 무슬림 복음화를 위한 저널이 필요하고 연구센터가 설치되어 무슬림 공동체의 위치와 특성 등에 대한 객관적인 정보와 이슬람학 코스를 강화시켜야 한다. 이를 위해서는 우선적으로 무슬림들을 위해서 기도하는 시간을 갖고 그들에게 복음을 전하도록 우리에게 부여하신 주님의 위임과 책임을 신앙과 삶의 우선순위 가운데 최우선으로 인식해야 한다.

신학기관이나 지역교회가 성경적 이해보다는 배타주의나 혹은 마냥 포용주의처럼 점점 더 세속적인 문화를 받아들이고 있다면 이와 같은 신앙 태도나 교육제도로는 무슬림을 향한 세계복음화를 이룰 수 없다. 지도자들이 종교권의 테두리에서뿐만 아니라 주변 지역사회에 파고 들어가서 신앙과 행동의 영역에 선교적인 모형을 먼저 보여주어야 한다. 신학교육 제도를 인준하는 기관과 신학교의 방향이 서로 맞지 않는 문제와 개방된 신학 교육이 비그리스도인에 의해 금지되거나 억제되는 현상이 발생하는데, 이에 관해 신학교육 기관들은 세계복음화가 일어나도록 하기 위한 효과적인 교육을 위한 커리큘럼 조정과 선교적이고 상황적인 훈련에 역점을 두며 지역교회와 지역사회에 교육 프로그램을 도입하고 그들을 학습의 장에 초대하여야 한다.

지금 남아공의 경우에 서구화된 무슬림들이 우리 가운데 살고 있는데, 온 교회가 동참하지 못하고 불과 몇 안 되는 사역자나 선교사에게 이 일을 미룬다면 복음화의 영향력이 아주 미약해진다. 온 교회가 평신도를 동원하여 무슬림에게 복음을 미치도록 하는 것이 그들에게 부담이 가겠지만, 상당한 수의 그리스도인들이 무슬림 남녀들에게 직접적으로 복음을 증거하는 데에 가담하게 하는 것이 중요하다. 우리의 이웃들인 무슬림들에게 평신도 자원을 전도하러 내보낼 때는 어떤 시간의 한계를 긋지 말고 장기간의 접촉과 관계형성이 필요하며 이치에 맞게 이슬람에 대한 건전한 지식이 필요하며 복음을 효과적으로 그들에게 전달하기 위한 훈련이 필요하다. 그리고 그들의 흔한 반박 질문에 대해 친절하고도 지혜롭게 대응할 수 있도록 하는 능력도 키워야 한다. 이러한 부분에서 이슬람에 대한 인식과 이슬람 문화 이해하기, 교리와 변증, 실제적인 접근 이 세 부분이 함께 필요하다. 이 부분에 교회 전체의 관심과 동참의 노력이 필요하다.

10
결론

2010년 케이프타운 서약은 1, 2차 로잔대회에 이어 사랑의 정신을 특별히 타종교에 표명한다.

"사랑의 하나님 이름으로 우리는 무슬림, 힌두인, 불교도와 다른 종교배경을 가진 사람들과 우정을 찾는 데 우리가 실패한 것을 회개한다. 예수의 정신으로 우리는 그들에게 사랑, 호의, 관대함을 보여주는 데 솔선수범할 것이다."172)

이번 제3차 대회는 "케이프타운 서약: 신앙의 고백과 행동의 요청" The Cape Town Commitment: A Confession of Faith and a Call to Action이란 표제에서도 나타나듯이 신앙의 고백과 실천의 요청을 나타내었다. 이슬람과 같은 타종교를 바라보는 차원에서 이번 대회의 기본 틀을 나열해 보면, 첫째로 하나님에 대한 믿음의 고백, 둘째로 세상에 대한 그리스도인의 봉사에 '진리'가 앞서고 평화가 뒤따름, 셋째로 타종교인들 가운데서 그리스도의 사랑으로 살아가기, 넷째로 그리스도의 뜻 분별하기, 다섯째로 겸손과 온전함과 꾸밈없는 단순함, 여섯째로 선교의 연합을 위한 동반자 사역을 요청하였다.

그리스도의 계명은 우리 그리스도인이 하나님을 사랑하고 이웃을 사랑하라 하셨는데, 물론 이 이웃은 마태복음 28장 29절에 나오는 모든 족속을 포함한다. 우리는 평화의 복음 메시지를 무슬림들에게 나누어야 하는 것이다.

이번 로잔대회에서 '우선순위'에 강조한 것은 제자 삼는 것이다.173) 교회가 무슬림 복음화 과업을 감당하도록 하는 제자 삼는 사역에 복음 선포를 필수적으로 포함한다.174) 이 복음 선포는 인간의 생각이나 주장 보다는 하나님의 영광을 드러냄에 초점을 두고 온 세상을 향하여 희망의 메시지인 그리스도를 증거고후4:5~6하는 것이어야 한다. 그것은 그리스도인의 무슬림을 향한 선교가 제자들의 발을 씻겨주시고 십자가에 못 박히신 예수 그리스도의 모습이 그들에게 보이도록 겸손과 섬김의 정신을 그들에게 보여주어야 한다는 것을 반영한다. 이번 로잔대회에서 부각된 큰 주제인 '박해'에서 이슬람 국가의 예아프가니스탄에서 순교한 실례와 같이와 원리주의자들의 테러 등에 대해서도 거론하며, 케이프타운 서약에서도 언급되었지만, 우리 그리스도인의 신앙과 사역이 어떠한 박해에 대해서도 회피하지 말고 도리어 그리스도의 이름을 위해 희생을 수반해야 함을 보여주었다.175)

또한, 증거에서 중요한 부분은 커뮤니케이션과 관련된 대화의 문제이다. 대화는 양방향에서 서로 듣고 배우고 상대방이 복음의 메시지를 이해하도록 탐구하는 것이어야 할 것이다. 새로운 대화의 유형을 위해서는 개종자들과 무슬림 지역의 교회 지도자들이 함께 모여서 워크숍과 토의를 갖는 것이 필요하다. 이러한 와중에도 복음 선포의 기본적인 필요성을 간과해서는 안 되며, 로잔정신에 따르면 그리스도인의 무슬림에게의 증거는 우선 성경에 기반을 두어야 한다.176) 왜냐하면 말씀이 우리의 믿음과 실천의 올바른 안내이기 때문이다. 말씀 자체요1:1, 14:6가 진리이고 계시이며 하나님은 자신을 계시하셔서 인간으로 겸손히 오신 삶의 모델을 잘 보여주셨다. 이 말씀은 다원적인 종교 세계에서 한 분 하나님의 신앙을 고백하게 한다.177) 하나님이 이 세상을 사랑하심으로 독생자를 주셔서 그를 믿는 자마다 구원을 받게 하신다.요3:16; 요1:14 구원은 하나님이 이루시는 것으로 하나님의 능력이 강조되는 것이다.178) 하나님이 현재 일하고 계신다는 것을 우리가 증거로 나타내는 것이다.179)

교회와 신앙 공동체가 이 도전에 효과적으로 맞서기 위해서 행해야 할 세계 선교를 위한 신학 교육은 무엇인가? 신학교육은 그 자체를 마음 속에 다시 한 번 재구성하도록 할 필요가 있다.180) "신학 교육은 하나님의 종들이 그들의 삶과 말로 선교사 소명을 실현하도록 준비시키는 데 중요한 역할을 한다. 이와 같이 신학 교육은 선교적인 하부구조에서 이뤄져야 하고 선교 마인드를 갖춘 종으로서의 지도자들을 발굴하도록 섬겨야 한다."181)

교육적인 훈련이 세계복음화에 기여하도록 하려면 상황에 적합한 교육이 이루어져야 한다. 로잔 발표 글182)에서 다뤄진 대로 모든 그리스도인은 복음의 기본적인 메시지와 내용, 즉 선교를 위한 성경적 의무, 잃어버린 죄인들을 향한 하나님의 놀라운 사랑, 대위임령의 의무 그리고 다원화세계에서 그리스도의 유일성이 무엇을 의미하는지를 이해해야 한다. 복음대로 살아가는 선교사의 라이프스타일, 즉 그리스도를 닮은 성품, 거룩한 삶, 성실, 종의 도와 다른 사람들을 향한 연민의 정을 나타내기 위해서는 매일의 삶과 실천으로 자기인식과 건전한 자아상 그리고 그리스도 안에서의 정체성 확립과 하나님이 주신 은사와 잠재력을 개발해야 한다. 모든 그리스도인은 모든 사람을 향하여 예수 그리스도의 제자 삼는 사역과 복음을 전하는 증인이어야 한다.

기독교생활개혁운동본부 황의영 총재는 그의 책 『SBM 오늘의 교회진단과 처방」에서 성경에 근거하여 무엇이 지구상의 교회를 병들고 쇠약하게 하는지를 지적한다.

"첫째로, 말씀을 변질시키고 인간의 생각을 앞세우기 때문이다. 종교개혁을 통해 복음을 재발견함으로써 크게 부흥했던 수많은 교회들이 쇠퇴한 경우도 그 주된 원인이 성경의 핵심을 왜곡한 데서 비롯된다. 인간의 생각과 합리적인 사고방식에 근거하여 계시의 본질을 잘못 해석하는 자유주의자들과 인본주의의 영향 때문이다…한편, 신학적인 자유주의를 배격하는 보수주의자들의 입장은 어떤가? 성경이 특수한 영감에 의해 기록된 하나님의 말씀임을 그대로 믿는 신앙은 참으로 귀하다. 복음의 본질을 파수하기에 그 공적은 매우 크다. 그렇지만 일부 지도자들은 성경의 권위와 더불어 자기 자신까지 덩달아 절대시하는 독선적인 자세를 곧잘 취한다…따라서 권위의식과 자만심이 강화되어 겸손을 상실하고 영성도 나약해진다. 그 결과, 하나님은 그들 가운데 역사하실 수 없고 성령의 은사도 점차 사라지게 된다. 둘째로, 말씀 교육과 훈련이 철저히 시행되지 못하기 때문이다. 우리는 어떻게 건전한 품성과 인격을 소유하고 하나님의 자녀답게 성숙해 가는가? 성경을 제외하고는 전인교육을 실현할 수 없다. 그러므로 성경적인 가치관을 확립하고 깨끗한 영성과 건전한 생활습관이 형성되도록 철저하게 훈련시키는 데 초점을 맞춰야 한다. 성경은 지식과 더불어 항상 실천을 요구하기 때문에 실천훈련이 중요하다. 셋째로, 세속주의에 오염되고 개인주의가 팽배하기 때문이다. 오늘의 교회는 물량주의에 사로잡혀 경쟁이라도 하듯 외형을 갖추는 일에 몰두하고 있다. 그런가 하면 영성훈련은 너무 미미하다. 자연히 영적 면역력이 약하여 쉽사리 세속에 오염된다. 아울러 이기주의로 말미암아 자존심자아이 점점 강해지고 윤리의식은 희박해진다."[183]

세계선교를 위한 신학적인 교육은 기본적으로 이러한 문제들의 해결을 위해 필요한 지식, 태도, 영성 그리고 기술을 갖추도록 시행되어야 하며184) 선교학적 중심의 신학 체제가 요구된다. 발생하는 문화 접변을 이해하기 위한 중대한 영역들, 즉 타문화 간의 커뮤니케이션, 상황화의 진행과정과 기술, 선교에 대한 전인적인 이해, 종교의 신학, 대화, 문화적인 관점들, 종교의 세계관들, 타문화 간의 강한 관계형성을 짓는 과정 등185)을 갖춰야 한다. 훈련 프로그램으로는 교사와 훈련자 개발을 위한 세계선교의 실제 현장에 참여, 멘토링과 모델링, 커리큘럼 개발, 지역교회와 지도자, 설교, 가정 등186)이 제안 사항이다.

무슬림 선교를 위한 첫 단계로는 이슬람을 이해하는 것이 중요하며 분명한 목적의식과 협력 차원에서의 관계형성, 네트워크, 화해 그리고 최상의 무슬림 사역 방법론들이 개발되어야 한다. 모든 족속을 제자로 삼는 것과 그들을 우리의 이웃들로 사랑하는 것의 이중 위임 간의 균형을 이루어 가야 한다. 제3차 로잔대회에서 다룬 이슬람에 관한 문제 중에서 내용이 조금은 아쉬웠던 점은 무슬림권에서 상황화에 관한 정도의 문제인데 지속적으로 시간을 두고 지켜보아야 할 안건C5에 관한 논의과 개종자 돌봄, 그리고 이슬람을 바라보고 이해하는 부분에 너무 광범위하면서도 일부는 너무 지엽적인 문제였는데 각 상황의 실례와 해석을 보편적으로 내리기에는 너무 상이한 것들이 있음을 보여주고 있다. 이러한 부분에서 남겨진 과제인 이 특수 상황에서의 적용의 문제는 현장에서 사역하고 있는 사역자와 선교사의 몫이요, 책임이라고 생각한다.

그러나 남아공과 같은 남아프리카의 나라들도 복음전도와 전체 교회가 동원되어 한 메시지를 가지고 전인적인 구원의 활동을 위해 접근하는 다각도의 통찰과 개발이 시급함이 자명하다. 우리 그리스도인은 모든 지역, 모든 사람, 모든 영역에 다양한 접근 방법이 필요한 시대에 살고 있다.

2부
무슬림 사랑 이웃 사랑

11
이슬람을 어떻게 볼 것인가?

많은 그리스도인이 이슬람을 위협 세력으로 본다. 이러한 인식은 불행하게도 두려움이나 적대감 등을 빚어내어 도움이 되지 않는 태도로 몰아간다. 그러나 이슬람의 존재를 하나의 도전으로 보게 될 때에는 기도해야겠다는 관심, 이 종교를 더 잘 알아야 하겠다는 열망 그리고 무슬림 이웃에게 찾아가서 복음을 증거 하려는 마음 등 도움이 되는 태도가 넘쳐날 수 있다. 사실 적지 않은 무슬림들이 우리 한국사회에 가까이 살고 있다. 이제 더는 우리가 무슬림들을 찾으려고 다른 지역으로 찾아가지 않아도 그들을 볼 수 있다. 무슬림들은 이 한국사회에서 점점 우리의 이웃으로 다가오고 있다. 우리는 이러한 무슬림 이웃과 어떻게 대화가 가능할까?

먼저 우리의 무슬림 이웃이 우리 그리스도인을 어떻게 바라보는가를 생각해 볼 필요가 있다. 일부 무슬림들은 그리스도인들이 자신들에게 편견을 갖거나 정죄한다고 불평할 것이다. 무슬림들은 그리스도인들을 관용적이고 편견 없이 받아주었다고 그들이 내세우면서 말이다. 그러면 이슬람의 경전인 꾸란에서는 그리스도인을 어떻게 가르치고 있는지 살펴본다.

12
그리스도인에 대한 꾸란의 언급들

꾸란 5:69, "오 성서의 백성들유대인과 그리스도인아 너희가 모세오경Torah과 복음서Injeel와 너희의 주님께서 너희에게 지금 내려주신 것Qur'an을 따라 행할 때까지 너희는 아무것도 없느니라(인도guidance에 관하여)"

꾸란 3:71, "오 성서의 백성들유대인과 그리스도인아 왜 너희가 진리를 허위와 뒤섞어 의도적으로 진리를 은폐하느뇨?"

꾸란 29:46, "더 좋은 방도알라의 구절들과 이슬람의 유일신 신앙으로 그들을 초대하는 좋은 말과 태도가 없으면 성서의 백성들유대인과 그리스도인과 함께 논쟁하지 말며 저들 중 부정한 자들과는 전혀 논쟁하지 말라 그리고 (저들에게) 이르라, '우리는 우리에게 계시된 것과 당신들에게 계시된 것을 믿노라. 우리의 하나님과 당신들의 하나님은 한 분알라이시며 우리는 (무슬림으로서) 그분알라께 복종하였노라'고 말이다"

꾸란 5:14, "그리고 스스로 '우리는 그리스도인이요'라고 하는 자들로부터도 내가 약속을 받았으나 그들은 그들에게 보내어진 메시지 중에서 선한 부분을 저버렸노라 그리하면 부활의 날저들이 알라의 책을 버리고 알라의 전도자들과 그분의 질서들에 복종하지 않고 알라의 계율을 범하였을 때까지 그들 가운데에 증오와 대립을 내가 심었노라 그리하여 곧 알라께서는 그들 자신들이 행해온 것이 무엇인가를 그들에게 알릴 것 이니라"

꾸란 9:29~31, "성서의 백성들유대인과 그리스도인 가운데 (1) 알라를 믿지 아니하고, (2) 최후의 날을 믿지 아니하며, (3) 알라와 알라의 사도께서 불법이라 한 것을 불법으로 지키지 아니하며, (4) 진리이슬람의 종교를 따르지 아니하는 자들에 대항하여 그들이 세금Jizyah을 기꺼이 납부하고 그들 스스로 복종할 때 까지 싸우라 그리고 유대인들이 말하기를 에스라Uzair가 알라의 아들이라 하고 그리스도인들은 메시아가 알라의 아들이라 하니라 그것이 바로 그들이 자신들의 입으로 말하는 것이노라 그들은 그들 이전에 믿지 아니한 자들의 말을 흉내내는 것이니 알라의 저주가 그들에게 있으니라 얼마나 저들이 진리로부터 벗어나 미혹되어 있는가?"

이와 같이 꾸란의 생각을 갖고 있는 무슬림들이 그리스도인과 접촉하게 될 때 그들은 무엇을 생각할까? 다양한 쟁점들이 우리의 우정에 영향을 줄 것이고 복음의 전달하는 데에도 영향을 미칠 것이다. 이 문제 중의 일부는 우리의 잘못된 태도들 때문에 빚어질 수 있겠고, 다른 것들은 무슬림 친구들에게 벌어지는 문제일 수 있겠다.

13
그리스도인의 두 가지 의사소통 방법

무슬림들은 우리의 이웃이며 믿음의 사람들이다. 우리 그리스도인은 이웃의 믿음에 대한 인정이나 존중이 어떠한 방법이든 우리 자신의 믿음을 약화시키지 않는다는 것을 안다면, 우리는 이들을 위해 하나님의 보편적이고 우주적인 사랑을 증거하도록 한 부름에 순종하는 것이 마땅하다. 우리가 교회의 사명을 감당하는 데에는 두 가지 방법이 있다. 그것은 선포와 대화이다. 이 둘은 우리의 믿음을 나누는 주요 방법이다. 증거는 우리가 어디에 있든지 간에 우리의 믿음을 가지고 살아가는 것이다. 우리 옆집에 무슬림이 있을 수 있다. 우리가 서로를 더 잘 알게 되면서 종교에 대해 얘기할 수 있다. 물론 우리는 우리 자신의 믿음을 더 잘 알 필요가 있고 그것은 우리가 그들의 믿음에 대해 어떤 것을 알 것인지 도와줄 것이다.

이러한 의미에서 우리는 이웃들을 환영할 준비가 되어있으며 그들에게 복음을 선포할 준비가 되어 있는가? 베드로전서 3장 15절 말씀대로 "너희 마음에 그리스도를 주로 삼아 거룩하게 하고 너희 속에 있는 소망에 관한 이유를 묻는 자에게는 대답할 것을 항상 예비하되 온유와 두려움으로 하고" 말이다.

이 선포를 위해서는 그리스도인으로서 부단한 기도와 준비 그리고 매일 성령으로 새롭게 되는 것이 필요하다. 하나님은 그분의 능력을 사용하시는데 이는 우리 자신의 힘으로 성취되는 것이 아니다. 주님의 능력과 권위를 아는 것 그리고 그분의 섬기러 오신 것과 같이 우리도 그분의 삶을 본받는 것이 중요하다. 우리가 주님을 신뢰하고 기다리면 주님께서는 그분의 뜻에 따라 우리의 필요한 것을 공급하실 것이다. 행1:4~5; 고전12:11

다음으로 대화에 대해서는, 타종교 신봉자와의 친근한 관계형성은 상호간 존경과 사랑에서 나온다. 여기에서 대화는 단순히 이야기하는 것을 의미하는 것이 아니라 실제적인 행동을 나누도록 이끌 수 있고, 서로의 종교적 유산을 이해하고 서로의 다른 영적인 가치들을 이해할 수 있으며 기도, 믿음, 하나님을 찾는 방법들과 같은 우리의 영적인 부요함을 나눌 수 있는 일상적인 삶의 인간사들에 대해 나누는 것을 포함한다.187) 이와 같이 대화를 통하여 상호 이해가 점점 분명하게 될 것이다.

종교 간의 대화는 선교를 행하는 또 하나의 방법이다. 많은 복음적인 그리스도인은 종교 간의 대화를 단지 지적인 행사 같은 것으로 여기며, 복음을 전하는 데 별로 중요한 역할을 하지 않는 것으로 잘못 해석하고 있다. 그러나 신약성경 특히 사도행전의 구절들을 자세히 살펴보면 바울은 늘 복음 선포의 요소로서 대화를 시도한 것을 보여준다. 그리고 그 대화의 목표는 그리스도께 사람들을 돌아오게 하는 것이었다.188)

그리스도인과 무슬림들은 자주 똑같은 단어를 사용하더라도 다른 의미들을 갖는다. 예를 들어 하나님의 사랑에 관한 것이다. 무슬림들은 알라의 인간에 대한 사랑알라의 자비와 긍휼로 표현된을 자주 논하지만 인간의 알라에 대한 사랑은 조심스럽게 거론한다. 기독교에 대한 약간의 오해들예를 들어, 예수가 십자가에 못 박혔다는 생각, 예수가 하나님의 아들이라는 생각

때문에 이것이 시발점이 되어 의사소통에서 빈번히 실패를 하게 된다. 우리의 무슬림 이웃들이 이 용어들을 어떻게 이해하고 사용하는지 그 방도들을 주의 깊게 귀 기울일 필요가 있다. 우리는 지혜롭고 적합하게 용어들을 선택해야하고 그들의 의미가 모호하지 않도록 확실하게 정의를 내림으로 혼선을 피해야 할 것이다.

기독교와 이슬람 둘 다 유일신 신앙을 언급한다. 이슬람은 알라의 유일성 즉, 타우휘드tawhid 189)를 말한다. 이슬람은 알라의 99가지 이름을 갖고 있는데 이는 '알라의 가장 아름다운 이름들' the Most Beautiful Names belong to Allah 꾸란 7:180; 17:110; 20:8; 59:24이라고 알려져 있다. 알라의 이름들은 그의 본질을 반영한다. 하지만 알라의 자기계시는 그의 뜻에 제한된다. 이슬람은 주장하기를 알라는 초월적이고 전적으로 그의 창조물에게서 분리되어 있다. 그리고 최고의 이름은 알려져 있지 않다.꾸란 87:1 190) 그러나 우리 하나님은 그 자신을 인격적으로 자기 스스로를 나타내시기를 선택하셨다. 인격적으로 만나는 한 분으로서의 하나님은 야훼Yehweh, 즉 '스스로 있는 자' I AM 출3:13~15; 6:2~3; 19:16~20로 알려지는데, 그분은 늘 현존하시며 그분 자신과의 계약관계로 사람들을 부르고 계신다.191)

하나님과의 사람과의 관계의 이해는 다음과 같이 비교된다.

꾸란: 꾸란은 알라의 계명과 그의 이름들의 계시를 강조한다.
성경: 그리스도인들은 하나님을 그분 스스로 인간에게 나타내 보이시는 유일하신 분으로 인식한다.

기도의 부름에서 낭송되는 것으로 이슬람 배후에서 움직이는 원칙은

'알라 외에는 신god이 없다' La ilaha illa Allah 이다. 이것은 무슬림들이 모든 다른 종교적인 고백들을 해석하는 데에 통하게 되는 렌즈이자 많은 무슬림들이 기독교를 이해하지 못하는 이유를 설명하는 것이다. 그러나 이슬람과 기독교간의 가장 근본적인 공통의 화제는 그리고 대화와 서로 간 이해를 위한 최상의 기반은 하나님 혹은 알라에 대한 용어 자체보다는 그 의미를 함유하는 유일신의 사랑과 이웃 사랑이다.

유일신의 사랑 그리고 이웃 사랑은 두 믿음의 매우 근본적인 원칙들의 부분으로 이슬람과 기독교의 경전에 반복되어 나타난다. 신의 유일성, 신에 대한 사랑의 필요성, 그리고 이웃사랑의 화제는 이슬람과 기독교 사이의 공통 화제이다.

이 공통 화제에서 핵심 질문들은 다음의 세 가지이다.

(1) 무슬림들은 알라의 사랑을 어떻게 이해하는가?
(2) 무슬림들은 그들의 이웃 사랑을 어떻게 이해하는가?
(3) 앞으로 종교간 관계들에서 이 주제들에 관한 대화를 어떻게 해 나가야 할 것인가?

14
무슬림들은 하나님의 사랑을 어떻게 이해하는가?

꾸란은 알라의 사랑의 작품으로 여겨진다. 그는 선을 행하는 자들을 사랑한다. "진실로, 알라는 알 무흐시눈Al-Muhsinun; 선을 행하는 자들을 사랑한다."꾸란 2:195 192) 이 절에서 알라는 사람들이 그를 사랑하기를 바란다는 것을 분명히 한다. 인간의 사랑은 신의 사랑에 선행하는 것처럼 보이지만 타우휘드tawhid의 비전은 인간의 사랑이 알라에 의해 창조되지 않은 것이라면 인간의 사랑이 가능하도록 허락하지 않는다는 것이다. 인간의 사랑은 알라의 자비Mercy, 긍휼Compassion, 인도Guidance의 개입을 사람들이 신을 사랑하는 데 필요한 것이라고 가리킨다.193) 이 사랑은 그의 하인들을 향한 선한 주인의 선과 결부되는 것이다.194)

다음의 꾸란에 나타나듯이 알라가 사랑하지 않는 것은 다음과 같다.

꾸란 2:190, 알라는 계율을 범하는 자transgressors를 사랑하지 않는다.

꾸란 2:205, 알라는 남에게 위해를 가하는 자mischief를 사랑하지 않는다.

꾸란 3:32, 알라는 불신자disbelievers를 사랑하지 않는다.

꾸란 3:57, 알라는 다신숭배자나 잘못을 일삼는 자Zalimun를 사랑하지 않는다.

꾸란에 알라가 사랑하는 것은 다음과 같다.

꾸란 2:195, 알라는 선을 행하는 자들Al-Muhsinun을 사랑한다.

꾸란 9:4, 알라는 의로운 자들Al-Mattaqun을 사랑한다.

꾸란 61:4, 진실로 알라는 그의 명분을 위하여 대열에 서서 견고한 건물처럼 자리를 지키며 성전에 임하는fight in His Cause 자들을 사랑한다.

꾸란에서 알라의 99가지 이름 중의 하나는 '사랑하는 분' Al-Wadud; the Loving One이란 이름인데 꾸란 11장 90절과 85장 14절에 나타난다.

꾸란 11:90, 너의 주님께 용서를 구하고 회개하며 그분께 돌아가라. 나의 주님은 참으로 가장 자비로우시고 사랑스러우시다.Most Loving

꾸란 85:14, 그분은 (이슬람의 의로운 신자를) 용서하시는 사랑이 충만한 분이다.Oft-Forgiving, full of love

위의 두 경우는 '사랑스러운 친절의 충만'으로 이것은 질적인 면이 알라의 본질에 새겨진 것을 보여준다.195) 하지만 이슬람이 알라의 본질을 알 수 있는가? 아니면 그냥 그의 뜻만 알 수 있는가? 그들이 "인샤알라"Insha Allah라고 말할 때 알라의 어떠한 본질을 생각하는가? 이슬람은 가르치기를 알라는 세 가지 그의 활동으로 알려질 수 있다고 한다. 그것은 창조, 심판, 그리고 응보이다. 그런데 이것은 이 세상에서 이뤄지는 것이 아니다.

알라의 사랑: 꾸란 3:31~32, (예언자 무함마드)가 말하기를, "네가 (참으로) 알라를 사랑하면 나를 따르라 그리하면 알라가 너를 사랑할 것이고 너의 죄들을 용서하리라. 알라는 용서하시고 자비로우시다." 말하기를, "알라와 그 메신저에게 복종하라. 그러나 만일 믿음에서 돌아서면 알라는 불신자들을 사랑하지 않는다."

하나님의 사랑: 요한복음 15:12~14, "내 계명은 곧 내가 너희를 사랑한 것같이 너희도 서로 사랑하라 하는 이것이니라. 사람이 친구를 위하여 자기 목숨을 버리면 이에서 더 큰 사랑이 없나니 너희가 나의 명하는 대로 행하면 곧 나의 친구라."

위에서 비교된 사랑에서 알라의 사랑은 복종과 연결되어 있다. 복종은 인간의 알라와의 관계에서 필수적이다.196) 알라의 사랑은 조건적이다. 꾸란의 사랑은 '찬동' approval으로 쓰인다. 알라는 그의 뜻에 복종하고 그의 계명을 지키는 자들을 사랑한다. 무슬림들의 삶의 핵심은 하나님을 아는 것이 아니라 그분께 복종하는 것이다.197)

그러면 이슬람은 과연 하나님을 알고 사랑할 수 있을까? 다음 장에서는 이슬람과 기독교간 대화의 내용을 통하여 이에 관해 살펴본다.

15
"공통의 말씀"

2006년 9월 13일 그리고 그로부터 한 달 후인 10월 13일 이드 알 피뜨르 'Id al-Fitr 198)의 절기에 베네딕토 16세 교황의 독일 레겐스부르크 Regensburg 대학교 강연199)에 대해 모든 교단과 사상의 학교들을 대표하는 세계 전역에서 온 38인의 이슬람 대가들과 학자들이 교황에게 응답하고자 함께 모였는데 이는 지적인 교류와 공동의 이해 차원에서 열린 모임이었다. 이슬람의 각 분파 무슬림학자들은 교황에게 공개서한을 보냈다. 최근의 역사에서 첫 번째로 이슬람의 참 가르침들에 대해 한 목소리를 발한 것이었다.

그로부터 정확하게 1년 이후에는 무슬림들이 그들의 메시지를 확대하였다. "공통의 말씀"200)은 2007년 10월 13일에 베네딕토 16세 교황을 포함한 전 세계의 기독교회와 교단들과 지도자들에게 무슬림 학자, 성직자, 지식인 138명이 작성한 공개서한으로 착수된 것이다. 본질적으로 그것은 이슬람과 기독교가 서로 핵심으로 하는 꾸란과 성경에 언급된 절들에 기초하여 제안되었는데 이는 하나님 사랑과 이웃 사랑의 가장 중대한 황금률 계명을 가리키는 것이다.

이 무슬림 지도자들은 적어도 다음과 같은 두 가지 이유를 가지고 반응했다.

(1) 무슬림들은 믿기를, 사실 많은 무슬림들은 이슬람 극단주의를 반

대하며 기독교 측에서 전 세계 무슬림들의 입장을 충분히 반영하지 않고 무슬림들이 잘못된 인식을 가지고 있다고 보는 것에 대해 부인하고자 한 것이다.

(2) 2006년 베네딕토 교황의 중세 기독교 황제의 칙령을 언급한 교황의 연설 내용에 대해 무슬림들은 괴로움을 겪으며 진실을 밝히고자 하였다. 그 내용인즉, 무함마드는 "악하고 무자비하며…칼로써 그의 믿음을 퍼뜨리는 것에 대한 신념을…"에 대한 반응으로 138인 무슬림 학자들과 성직자들은 교황의 강연 내용의 잘못들과 오해들을 지적하고자 하였다.

이 "공통의 말씀" 구절은 알라가 선언하는 꾸란에 나온다.
"오 성서의 백성들아! 우리와 너희 간에 같은 말씀을 들으러 오라." 꾸란 3:64 '책성서의 백성들'에는 유대인들과 그리스도인들이 포함되는데 그들에 대한 "공통의 말씀"의 의미는 하나님(무슬림들에게는 '알라')에 대한 사랑과 이웃 사랑이다.
예언자 무함마드가 말했다.
"만일 네가 알라를 사랑하면 나를 따르라 알라께서는 너를 사랑하고 너의 죄를 용서하실 것이다." 꾸란 3:31 그리고 또 예언자 무함마드가 이르기를, "알라와 최후의 날을 믿는 누구든지 그의 이웃을 곤궁에 빠지게 하거나 해쳐서는 안 된다." [201] "너희 중에 아무도 네가 너 자신을 사랑하는 만큼 너의 이웃을 위해 사랑할 때에야 비로소 믿음이 있는 것이다." [202] 그들의 주석서에 무슬림 지도자들은 주장하기를, "이웃에 대한 감정이입과 동정은 충분하지 않다. 그들은 관용과 자기희생에 의해 동반되어야 한다." [203]

"공통의 말씀"을 내세운 무슬림 지도자들은 이웃에 대해 이웃의 믿음과 그들 종교의 자유를204) 존경한다며 꾸란 2장 256절, "종교에는 강요가 없다"를 인용하면서 무슬림들, 그리스도인들 그리고 유대인들은 각자에게 하나님이 그들에게 명하는 것에 따르도록 자유가 있어야 하고 왕들과 같은 주권들 앞에 엎드리지 말아야 한다고 했다.

"공통의 말씀"에 대한 그리스도인들의 첫 응답은 예일대학에서 있었다. 142명 이상의 무슬림 종교적인 학자들이 그들의 진술에 서명한 것 같이 수백인의 그리스도인은 "공통의 말씀"에 대한 그리스도인의 응답으로서 "하나님을 사랑하고 이웃을 사랑하기"Loving God and Neighbour Together205)를 주창한 예일 선언에 계속적으로 서명하였다. 이 화해 프로그램을 설치한 예일 신앙과 문화 연구소Yale Center for Faith and Culture206)의 대표인 미로슬라브 볼프Miroslav Volf는 무슬림의 진술을 칭찬하였는데 "역사적 용기를 불어넣어 주는 깊은 통찰과 정신의 관대함에 대해 주목한 것"이라 했다.

예일 문서는 그리스도인들이 늘 그들의 동료 무슬림들을 사랑한 것이 아니라는 것을 인정한다는 말로 시작한다. 과거 십자군 전쟁 때와 오늘날 '테러와의 전쟁'으로 말미암아 많은 그리스도인이 무슬림 이웃들에 반대하여 지은 죄책감이 있어왔다고 하였다. 또한 예일 서명자들은 서로 간에 분명한 차이점들이 있음에도, 함께 입장을 표할 공통의 기반을 가릴 수 없다고 하였다. 예일 문서에 서명한 그리스도인들은 무슬림들이 아브라함과 이삭의 하나님께 예배를 드렸다는 예일 문서에 서명을 하였는데, 이에 대해 많은 보수적인 그리스도인이 동의하지 않고 서명에 동참하지 않았다.207)

예일 대화Yale Dialogue에서 릭 러브Rick Love는 진술하기를, "예일 화해 프로그램에서 팀은 무슬림 내빈들을 접대하는 데 지칠 줄 모르고 일하였다…이러한 방도로 환대를 보여줌으로써 마음이 열리고 도전하는 신학적이고 실제적인 제목들에 더 호소할 수 있었다." 러브는 진리를 향한 길을 여는 것이 가능케 하였다.208) 러브는 대화의 중간에 복음의 진실이 의사소통되었다고 하였다. 예를 들어, 삼위일체와 십자가에 대한 발표, 선한 사마리아인에 대한 발표, 복음적인 믿음 등에 관한 강연 등 이었다. 러브는 대화가 관점들을 나누는 것만으로 그치는 것이 아니라 사람들과 계속되는 우정에 대하여 나누는 것이라 보았다. 이는 깊은 나눔과 공동의 이해를 더 하는 것을 의미하였다.

러브는 무슬림들이 어떤 동일한 믿음을 갖는지에 대해 그의 견해를 피력하였다. 예를 들어 이슬람의 다른 형태들인데 수피즘의 영향력에 관한 것이다. 러브는 말하기를,

> "하나님의 사랑에 대한 수피209)의 신비적인 강조는 수피들로 하여금 이슬람의 다른 형태들(예를 들어, 사우디아라비아의 와하비 210)보다 더 평화를 만들기 위해 열려있게 한다. 그것은 또한 그들을 더 이슬람주의211)와 폭력주의terrorism에 저항하도록 만든다…이 대화를 통해 복음적인 것들이 다른 분파들보다 수피 무슬림들과 공통점을 갖고 있음에 의미를 갖고, 수피들과 관계형성들을 추진함으로써 더 많이 공통점을 얻어야 한다고 생각했다."212)

수피즘은 하나님의 사랑mahabbah 213)을 다룬다. 알 할라즈al-Hallaj (d. 309 A.H.214) /922 A.D.)에 의하면 하나님의 본질essence은 사랑이다. 레이놀드 니콜슨Reynold A. Nicholson은 진술하기를,

> "창조 이전에 알라는 절대적인 단일성 가운데 있는 그 자신을 사랑하셨

고 사랑을 통하여 그 자신을 자기 스스로에게 계시하셨다. 그리고는 홀로 존재 안에 있는 사랑을 보기를 바라며, 외부적인 대상-존재하지 않는 것에서 그 자신의 모든 속성과 이름들을 부여한 한 이미지를 낳은-으로서 다름과 이원성 없는 사랑을 보기를 열망한다. 이 신성의 이미지는 알라 안에 그리고 알라에 의해 드러나게 한신이 인간성 안에 구체화된 아담이다.215) 그러나 알 할라즈는 신성lahut과 인성nasut을 구분한다. 그에 의하면 비록 신성과 인성이 신비적으로 결합된다 할지라도, 그들은 본질상 일체가 되는 것이 아니며 상호 교환할 수 없다. 결합 내에 개성이 남아 존재한다. 예를 들어 포도주가 물과 섞일지라도 물이 포도주로 바뀌지는 않는 것과 같은 것이다."216)

수피들은 알라를 향한 여러 사랑의 정도들이 존재한다는 것을 가리킨다. 사랑은 알라 자신을 향하여, 알라에 의해 사랑하는 자의 이끌림을 완수하는 신적인 끄는 힘이다. 그러므로 알라의 활동은 인간의 노력보다 강조된다. 그들에게 사랑의 본질은 신의 선물이다. 그러나 인간과 알라 간의 사랑은 상호 교환적이다. 알라의 사랑은 인간의 필요를 선행하고, 이것이 인간의 알라를 향한 사랑을 좌우한다. 인간은 먼저 그의 신을 향한 사랑을 보여주려고 애써야 하며 신에게 가까이 다가가야 한다.217) 이와 같이 수피의 사랑은 사랑하는 자의 쪽에서 완전한 부복과 인내를 요구하는 것이다.

수피들에 따르면 사랑의 단계들 세분화는 구체적으로 다르지만, 전반적으로 근본적인 강조점은 인간-알라와의 관계, 즉 알라와의 결합을 열망하는 사랑을 의미하는 것으로서 사랑의 가장 중요한 형태로 둔다. 꾸란에서 인간을 향한 알라의 사랑과 알라를 향한 인간의 사랑이 언급되지만 일부 학자들은 이들을 복종의 차원에서 해석하였다.218)

시카고에서 열린 미국 종교학회American Academy of Religion 컨퍼런스의 최근 모임에서 닉 기어Nick Gier는 "공통의 말씀"에 대한 복음주의 그리스도인의 응답에 관한 순서에 참여하였다. 두 무슬림과 두 복음주의 그리스도인예일 문서에 서명을 거절한 사람들으로 이뤄진 토론에서 기어는 실망한 것이 하나 있는데, 그것은 이 모임 가운데 한 그리스도인이 공통점 보다는 차이점을 찾으려 하였고, "공통의 말씀"을 훼손하려고 한 것 때문이었다. 예를 들어, 그 그리스도인은 꾸란이 하나님의 사랑 보다는 하나님에 대한 두려움을 강조하였고, 무슬림들은 그들의 적들을 사랑하라고 지시받지 않는다고 하였다. 이에 대한 한 무슬림의 응답에서는 구약성경에서 '주님에 대한 두려움' 의 많은 예시를 지적하였고, 또 특별히 루터의 신앙고백서catechism의 모든 페이지에서 '하나님을 두려워하고 사랑하라' 는 명령이 나타난다고 지적해왔다. 이 무슬림은 꾸란에 알라의 긍휼과 관련된 부분이 192군데 있으나 알라의 진노는 17번만 거론할 뿐이라고 말하였다.219)

하디스는 적을 사랑하라는 근본적인 명령을 대부분 그리스도인들이 실천하지 않지만 무함마드가 타이프Ta' if 220) 사람들에 의해 공격당한 후에 말한 것이 있다고 언급한다.

> "대부분 덕행이 있는 행동은 관계를 이간시키는 사람들의 마음을 끌어들이는 것이며… 너희에게 해를 끼치는 사람들을 용서하는 것이다."221)

하지만, 이 하디스hadith 222)의 메시지는 무함마드와 그의 메시지를 거절하였던 타이프의 사람들이 나중에 무함마드의 추종자들의 칼 아래에 이슬람으로 개종하도록 강요되었다는 사실에 의해 훼손된다.223)

초기 공통적인 기반의 극적인 예로서, 이 공격 이후에 무함마드의 도움을 받게 되었다는 소문이 났던 한 그리스도인 노예가 있었다. 하지만, 실상 이 그리스도인 노예 아다스'Addas는 그가 그리스도인이었기 때문에 무함마드를 만나러 간 것이 아니라 그의 이교도 영주들의 명령으로 무함마드를 만나게 되었다. 따라서 그의 친절을 그리스도인과 무슬림의 우정의 표시로서 인용하는 것은 오해하게 하는 것이며 이슬람의 전통이 아다스를 타이프에서 이슬람으로 회심한 첫 개종자로 보고 그가 종교 간의 화합과 협동의 전례라고 보는 것도 잘못된 인용이다.224)

이슬람 해석의 전통에서 주요 무슬림 학자들은 무슬림과 그리스도인의 신의 개념들에 있어서 중요한 차이들을 이해하였다. 무슬림의 경험을 내면으로 아는 예일의 학자인 라민 사네Lamin Sanneh는 차이점을 분명히 인정하고서 상대방에 대한 존경을 보여주는 것이 중요하다고 보고, 기독교와 이슬람은 공통적으로 갖고 있는 것에 의해서 보다 그들을 대립시키는 것에 의해 더 연합이 되는 것 같다고 했다.225)

신약성경 기자에 따르면 하나님의 사랑은 결코 인간의 사랑과 분리될 수 없다. 상처를 입기 쉬운 어떤 사람이 일부 구절에서 실제적으로 다리 혹은 잠재적인 장애물처럼 자신과 하나님 사이에 두어 진다.226) 마태복음 25장의 심판장면은 하나님 사랑과 인간의 사랑 간의 불가분 관계의 예시를 나타낸다. 무슬림들이 어떻게 자신과 타인 그리고 하나님과 매우 밀접한 관계를 볼 수 있을까? 즉, 다른 사람이 자신과 하나님 사이에 놓인 정도 말이다. 흥미롭게도 사히흐 무슬림Sahih Muslim 227)의 '경건의 책' Book of Piety 에서는 마태복음에서 심판장면과 아주 유사한 병든 자들을 방문하는 장면에 대해 언급하는 하디스 꾸드시Hadith Qudsi 228)가 있다. 이 하디스에 따르면, 알라는 부활의 날에 이렇게 말할 것이다.

"오 아담의 아들아, 나는 병들었으나 네가 나를 방문하지 않았다."

그 고발당하는 자가 외치기를,

"오 나의 주님, 당신께서 세계의 주인이시온데 내가 어찌 당신을 찾아뵐 수 있겠습니까?"

알라께서 말씀할 것이다.

"나의 그와 같은 종이 병들었으나 네가 그를 방문하지 않은 것을 너는 몰랐느냐? 너는 만일 네가 그를 방문했다면 네가 그로 말미암아 나를 찾을 수 있었다는 것을 알지 못하였느냐?"[229]

이 하디스에서 약점이 있는 어떤 다른 사람과 알라와의 가까운 교제에도 불구하고, 우리는 무슬림들이 약점과 수난과 알라 자신을 결합시키는 것을 주저하는 것을 안다. 하지만, "공통의 말씀"이 밀접하게 알라의 사랑과 다른 사람의 사랑을 연결할 때, 우리는 이것을 신학의 조화에 관한 대화를 위한 시작점으로 취할 수 있다.[230] 진실한 대화에서 그리스도인들은 무슬림 친구들을 믿음으로 초대한다. 그와 같은 의도는 '감추어진 안건'을 수반하지 않는다. 차라리 그것은 대화가 열려있고 솔직한 목표이다.

그리스도인들은 우정과 호의의 정신으로 무슬림들을 이해할 수 있도록 접근하여야 한다. 우리는 이슬람의 믿음을 향하여 공감을 형성해야 하지만, 전도에 전념한 채로 남아있어야 한다. 우리는 전도를 대화보다 그다지 중요하지 않은 것으로, 좋은 관계 다음으로 가는 두 번째로 여겨서는 안 된다. 우리는 우리 자신을 성령과의 협력에서 보아야 한다. 고후5:20; 행18:5, 9; 23:11; 24:24, 25; 26:28, 29; 28:23, 24, 30 231)

데이비드 보쉬는 말한다.

"진실한 대화는 우리가 우리보다 선행해서서 상대방 자신의 문화와 확신의 상황에서 사람들을 준비시키시는 하나님을 만나기를 기대하며 믿음으로 나아갈 때만이 가능하다. 하나님은 벌써 장애물들을 제거하셨고 그분의 영은 변함없이 인간 이해를 거치는 방도에서 일하신다."232)

이슬람은 신자들이 '설득'과 '아름다운 방법들'을 사용함으로써 불신자들을 이슬람의 지역으로 초대하도록 요구한다. 그것은 다아와da'wah 233)라고 하는데, 신자들은 선택사항이 없으나 협박하는 공격자들에 대항하여 전쟁을 수행하는데 이는 자기 방어를 위한 것이다. 기독교와 이슬람의 많은 심오한 유사점들과 더불어, 무슬림들은 왜 기독교와 대치하고, 기독교로부터 대립하는 오랜 역사를 가졌을까? 그 대답은 서로의 차이들을 갖고 있는 것 때문이다. 예를 들어 이슬람은 신성의 일치Divine Unity를 강조하고, 기독교는 한 하나님을 믿는 반면에 삼위 하나님의 아이디어를 강조한다. 무슬림들과 우리 그리스도인들은 양측 다 그리스도를 존경하지만 다른 방식으로 하는 것이다. 무슬림들은 그리스도의 지상 삶에서의 끝에 대한 그리스도인의 설명을 받아들이지 않는다. 그리고 여태껏 무슬림들은 그리스도를 메시아al-Masih로 받아들이고, 그의 재림을 현재 인간의 역사의 끝에 있을 것이라고 기대한다. 그리스도가 성령의 이름으로 율법을 깨뜨린 반면에 그들은 신의 법 Divine Law(al-Shari'ah)을 꾸란의 계시에 근거한 것으로 강조한다. 그러므로 그리스도인들은 무슬림들이 가진 것과 같이 신성한 법의 개념을 똑같이 갖지 않는다. 그리스도인은 이슬람이 사용하는 것과 같은 신성한 언어를 갖고 있지 않으나 그리스도인도 여러 전례학적인 언어들을 사용해왔다.234)

16
무슬림들은 이웃 사랑을
어떠한 방식으로 전개하는가?

이슬람에서 이웃 사랑은 늘 알라의 사랑에 수반된다. 그 이유는 이웃 사랑이 없이 알라에 대한 진실한 믿음이 있을 수 없기 때문이다. 예언자 무함마드가 말하기를,

"네 자신에 대해 네가 사랑하는 것을 네 이웃을 위해 네가 사랑할 때까지 너희 중에 아무도 믿음이 없다."235)

이것은 신약성경의 구절과 비슷하다. "누구든지 하나님을 사랑하노라 하고 그 형제를 미워하면 이는 거짓말하는 자니 보는 바 그 형제를 사랑치 아니하는 자가 보지 못하는 바 하나님을 사랑할 수가 없느니라" 요일4:20

꾸란에서 분명히 이웃에게 선을 행함과 더불어 알라에게 드리는 예배를 동반할 것을 가르치는데, 이는 기독교의 사랑의 황금계명과 근접한 것이다. "알라를 예배하라. 그분과 아무것도 결부시키지 마라. 네 부모, 친척, 고아, 가난한 자, 가까이와 멀리 있는 이웃에게, 여행객들의 필요에, 그리고 네 노예들에게 선행을 베풀라." 꾸란 4:36 236) 이웃 사랑의 필요성에 관하여 예언자 무함마드는 말하기를, "너희 중에 아무도

네 자신을 위해 네가 사랑하는 만큼 네 이웃을 사랑하기까지 믿음이 없는 것이다."237)

꾸란은 무슬림들이 모세와 예수의 추종자들을 초대하도록 명령하는데, 그것은 공통의 기반들을 확인하고 선을 행하고 해를 방지하기 위한 협동을 증진시키도록 돕고자 함에 있다. 꾸란은 명령하기를, "말하라, 책의 백성들(모세와 예수의 추종자들)아! 당신과 우리 사이에 공통의 용어(기반, 단어)로 오라. 우리가 오로지 알라만 예배할 것이라고 말하라. 우리는 그분과 협동자들을 연합시키지 않을 것이라고. 우리는 우리 자신들로부터 알라 외에 다른 보호자들을 세우지 않는다고 말하라."꾸란 3:64 238)

꾸란과 성경은 위에서 언급한 대로 이슬람보다는 단지 종교적인 다양성의 신적인 제정을 명확히 선포하는 절, 대화에 참여하도록 조언하는 절, 그리고 거룩성의 현존과 종교들에서의 의에 관한 절들만 함유하는 것이 아닌 것이 분명하다. 그것은 또한 논쟁의 구절들을 포함한다. 예를 들면 꾸란은 다음과 같이 기록한다.

> 꾸란 5:51, "오 너희 믿는 자들아 유대인과 그리스도인을 아울리야Auliya 친구들, 보호자들, 조력자들로 취하지 말라 그들은 저희들끼리 서로의 벗들일 뿐이니 너희 중 누구든 그들을 벗삼는 자는 분명 그들 중 하나와 같으니라 정녕 알라께서는 잘리문Zalimun 다신숭배자와 잘못을 행하고 불의한 자들을 인도하지 아니하시노라"

> 꾸란 9:30, "그리고 유대인들이 말하기를 '에스라' Uzair는 알라의 아들이라 하고 그리스도인들은 말하기를 메시아는 알라의 아들이라 한다. 저것은 그들의 입에서 나오는 말로 이전에 불신자들의 말을 흉내 내는 것이다 알라의 저주가 저들에게 있으리라 저들이 어떻게 진리에서 벗어나 미혹

케 되었느뇨"239)

이 절들에 대해 철저히 배타적인 해석은 유대인과 그리스도인들이 예배와 믿음의 타락한 전통을 실천하는 타락한 사람들이라는 것이다. 이와 같이 그들은 결코 이슬람 신자들에게 '친구들이나 보호자들'이 될 만큼 신뢰될 수 없다는 것이다. 무슬림은 유대인과 그리스도인들에 대해 알라 자신이 '그들과 싸우는' 것으로 본다. 그 이유는 신실한 자들의 적들이기 때문이라고 이해한다.240)

반면에, 성경의 선한 사마리아인의 이야기에 따르면 예수께서 말씀하시기를, 믿음과 관습에 익숙하지 않은 바깥인, 나그네가 이웃이라 한다. 복음서들은 그리스도인들이 나그네를 돌보도록 얘기한다. "그러나 너의 적들을 사랑하고 그들에게 선을 행하고 그들에게 어떤 것으로도 되돌려 받을 것을 기대하지 않고 그들에게 꾸어주라. 그러면 너의 보상이 크질 것이고, 너는 지극히 높으신 하나님의 아들들이 될 것이다. 이는 그가 감사할 줄 모르거나 사악한 자들에게 친절한 이유이다. 너의 아버지가 자비로운 것처럼 자비로워라."눅6:35~36

17
"공통의 말씀" 배후의 신학적 동기들

"공통의 말씀"의 배후에 깔린 의도는 한 종교의 신학을 속이거나 개종을 시도하려는 것이 아니다. 그것은 두 계명에 기초한 인위적인 연합으로 우리의 종교를 축소시키려고 하는 것도 아니다. 그럼에도, "공통의 말씀"에서 무슬림들은 이슬람과 기독교가 본질적인 공통 기반, 즉 토라Torah의 "너는 너의 마음과 혼과 정신을 다하여 너의 주 하나님을 사랑하라 그리고 네 자신과 같이 너의 이웃을 사랑하라"에 근거한 복음의 두 가장 큰 계명에 서술된 대로 하나님과 이웃에 대한 사랑을 나누려고 한다.

예일대학의 500인 이상 기독교 지도자들의 응답은 이 공통기반이 참이고, 두 종교 간의 대화를 위한 기초라고 재차 시인하였다.241) 무슬림들은 그들이 현재 봉사하고 있는 나라들에서 "공통의 말씀"이 발기되어 이 원칙들이 잘 통하기를 바라고 있다. 이 "공통의 말씀"은 무슬림 공동체에서 온건한 발언242)을 내면서, 그리스도인 이웃들과의 공동의 협력과 조화를 첫 시발점으로 하여 그리스도인 이웃들에게 미치도록 무슬림들에게 도구들을 제공하였다. 이러한 접근은 무슬림 지도자들뿐만 아니라 무슬림 사회 활동가들과 종교간 대화 전문가들이 "공통의 말씀"을 가지고 토론하도록 하는 결과를 낳았다. 무슬림들은 공통 접근을 발전시키고자 모스크뿐만 아니라 각 나라 교회들에 미치려고 노력하였

다.243)

예일 응답에서 기독교 지도자들이 이슬람과 공통 기반을 나눈 것이 인상적이다. 하지만, 예일 응답은 "공통의 말씀"에서 제안된 신학적인 입장들을 완전히 수용하는 것으로 나타나지 않는다. 왜냐하면 그것은 무슬림들에 의해 제안된 입장들을 넘어서고, 응답에 있어서 일부 중요한 기독교의 신학적인 돌아봄을 제안하기 때문이다.

하나님 자신은 경전을 통해 '사랑의 존재' 로서 밝힌다. 이것은 하나님의 무한정한 선을 반영하고, 사랑하는 하나님은 우리를 위한 하나님의 사랑에서 분리될 수 없다는 것을 의미한다. 그리스도인의 견해는 "그분이 먼저 우리를 사랑하셨기에 우리도 사랑한다"요일4:19 이다. 대조적으로 이슬람의 견해가 제시된 "공통의 말씀"에서는 무슬림들이 알라를 사랑하기 때문에 알라가 그들을 사랑한다는 것이다.

예일 응답은 인간의 이웃 사랑은 한 사람이 다른 사람들과 예배드릴 수 있는 자유의 권리를 인식할 것을 요구한다. 이것은 무슬림 지도자들에게 보내는 중요한 메시지이다. 왜냐하면 그리스도인의 예배에 대한 자유는 너무 자주 이슬람교의 환경에서 박탈되었기 때문이다.

"공통의 말씀"과 대조적으로 예일 응답은 진술하기를, 사랑받아야 할 '이웃' 은 우리의 적들을 포함한다. 이것은 "공통의 말씀"이 그리스도인들에게 제안해온 것에는 없는 내용이다.

예일 응답은 설명하기를, 그들의 적들을 사랑함에 있어서 사람들은 하나님을 본받고 있다고 설명한다. 대조적으로 인간이 하나님을 닮을 수 있다고 하는 아이디어는 이슬람에서 거절된다. 그리고 이는 "공통의 말씀"의 반복된 요청들, 즉 알라와 관련한 것을 밀접하게 연결시키지 않도록 요청한 것과 일관성이 없는 것이다.244)

릭 러브는 말하기를, "이 두 계명은 우리에게 두 가지를 가르치는데,

우리가 우리자신에 대해 무엇을 요구해야 하는지와 우리가 하는 것과 말하는 것, 우리 정체성에 있어서 다른 사람에게서 기대되어지는 것이 무엇인지를 가르치는 것이다."245) 컨퍼런스 참여자들은 동의하기를 토의된 신학적인 쟁점들은 하나님의 유일성, 예수 그리스도와 그의 열정, 그리고 하나님의 사랑에 대한 다른 이해들을 포함하였다.

"공통의 말씀"은 하나님이 우리를 먼저 사랑했다는 것을 부인하려고 의도한 것이 아니었다. 인간이 하나님을 사랑하기 전에 하나님이 인간을 사랑하였다는 지식은 이슬람에서도 매우 분명하다. 그런데 "공통의 말씀"에서 '우리'는 누구를 가리키는지에 대해 분명하게 나타나도록 생각하지 않은 것이다. 신은 분명히 세계와 인간을 창조하시기 전에 존재하셨다는 것이 분명하다. 그것은 또한 꾸란의 한 장을 제외하고는 모든 장의 시작하는 매우 거룩한 신조에 분명하고, 무슬림 전체의 삶의 합법적인 단 하나의 행위라도 시작하는 "비스밀라 알 라흐만 알 라힘" Bism Illah Al-Rahman Al-Rahim 자비로우시고 궁휼하신 알라의 이름에도 분명히 보인다. 알라는 그의 이름이 알 라흐만Al-Rahman 사랑스럽게 궁휼을 베푸시는과 그의 이름에서 나오는 '핵심' womb인 알 라흄Al-Rahm에 대해 말하는 것이 '하디스 꾸드시' 거룩한 말에 있다. 그리고 이와 같이 알라가 내적으로 넘치는 사랑으로 세계를 창조하였다는 것을 함축한다. 또한 라흐마Rahmah 사랑하는 궁휼에서의 창조는 꾸란에서도 보이는데, 이는 알 라흐만 장Sura의 시작에 나온다.246) "알 라흐만은 꾸란을 가르쳤다. 그분은 인간을 창조하였다. 그분은 인간에게 말을 가르쳤다." 알 라흐만 55:1~4 다른 말들로, 그 바로 거룩한 이름 알 라흐만은 '사랑의 창조주' The Creator-through-Love의 의미를 포함한 것으로 꾸란의 내용을 이해해야 한다. 그리고 거룩한 이름 알 라흐만은 '자비의 구세주' The Saviour through Mercy의 의미를 포함하는 것으로 이해해야 한다고 보는 것이

다.247)

만일 무슬림들이 보통 영어로 그리스도인들이 사용하는 사랑의 언어와 똑같은 언어를 사용하지 않는다면 무슬림들에게 '사랑'이란 단어는 그리스도인들이 사용하는 것과 다른 것들을 의미한다. "공통의 말씀"에서 '사랑'에 관한 언어의 사용은 단지 인간이 모든 곳에서 똑같은 혼을 갖고 있는 것을 인식하는 것일 뿐이다. 타락하든지 순수하든지 간에 말이다. 이와 같이 사랑의 경험은 보통 모든 곳에서 어떤 결과를 가져야 하는데, 비록 사랑의 대상들이 다르더라도 그리고 알라의 궁극적인 사랑이 모든 다른 사랑들보다 더 강하다고 하더라도 말이다.

알라는 꾸란에서 말한다. "아직도 인류는 알라가 아닌 그들이 설치한 예배의 대상들을 취하는 자들이 많은데, 이 대상들은 알라에게 대적이다. 그들은 알라를 사랑하듯이 다른 대상들을 사랑한다. 하지만 믿는 신자는 다른 무엇보다 알라를 사랑한다." 꾸란 2:165 248)

18
그리스도인은 무슬림에게 어떻게 사랑을 보여줄 수 있을까?

우선적으로 무슬림들을 이해하려고 노력해야 한다. 그들은 우리와 같은 사람들로 구세주를 필요로 하는 죄인들이다. 이것이 그들의 배경이요, 느끼는 상태이다. 그들의 종교를 이해해야 한다. 오해를 피하고 명료한 의사소통을 위해서는 종교적인 어휘의 사용, 속죄, 십자가, 신생, 성령, 하나님의 아들, 기도, 죄, 은혜, 하나님과 인간의 특성 등의 표현들을 이해해야 한다.

우리는 사람들을 향하여 사랑의 새로운 태도를 가져야 한다. 그것이 강력한 증거일 것이다. 우리가 믿고 있는 것을 진술하고 이 가르침들을 지지하는 성경구절들을 보여주어야 한다. 그들에게 가르치려고 하기 이전에 잘 경청하는 사람이 되어야 한다. 우리는 그들의 시각의 관점, 어려움들, 그리고 그들이 어디에서 기독교를 오해하고 있는지를 이해해야 할 것이다.

다른 사람을 정직하게 인정하는 것이 기반이 될 때 종교 간의 대화는 가치가 있을 것이다. 이러한 대화는 기꺼이 주의 깊게 듣고자 하는 것이다. 효과적인 대화를 위해서는 공통적인 기반을 제안하는 차원에서 자기 자신의 믿음에 대해 열려있고 정직해야 한다.249)

아버지의 사랑이 얼마나 우리에게 아낌없이 풍성하게 주어졌는지 우리는 하나님의 자녀라고 불려진다. 주님의 기도는 일반적으로 하나님을 찬양하지 않고 간접적으로 찬미하지만, 직접적으로 우리로 하여금 하나님 우리 아버지께 말하게 인도한다.250) 그리스도인들은 하나님과 인격적인 접촉을 갖는다. 그분은 듣고 알고 그들을 돌본다. 그리스도 안에서 하나님 우리 아버지는 우리 인간의 수준으로 내려오셨다. 그분은 우리와 같은 인간이 되신 것이다. 그분은 더 낮게 임하심으로 우리의 죄를 그분 자신께 다 지우셨고 십자가에서 우리 대신에 죽으신 것이다. 진실한 사랑은 무가치한 자를 위해 희생을 의미한다. 주 예수 그리스도의 아버지는 곤궁에 빠진 자에게 자비로우실 뿐만 아니라, 그들이 태어나기 이전에 그들 자신의 의를 의지할 수 없는 죄인들을 구속하시고 그들과 인내하심으로 참으셨다.

다음은 한 무슬림 친구의 집에서 사용할 만한 그리스도인이 준비한 기도의 예이다.

"오 하나님, 우주의 창조주시여. 당신의 모든 창조를 당신의 능력의 말씀으로 이루시고 유지하시니 우리는 당신을 예배합니다. 우리는 당신께서 얼마나 위대하신지 그리고 당신께서 우리를 얼마나 사랑하시는지를 기억합니다. 당신과 같으신 분이 없습니다. 우리는 당신께서 우리의 혈관보다도 우리에게 더 가까이 계신 것을 기억합니다. 당신께서는 모든 것들을 아시기 때문에 우리는 당신께서 우리 각자를 아시고 우리의 죄와 질고를 아시는 줄을 확신합니다. 우리는 당신께 감사하오니 당신께서는 우리의 죄를 다루시고 우리의 질병을 고치실 수 있으십니다. 우리는 당신의 선지자 이사야를 통해 당신께서 하신 말씀을 기억합니다. 우리는 모두 양 같아서 각기 제 길로 갔지만 당신께서는 우리의 죄를 예수께 담당케 하셨지요. 예수 그분이 심판받으심으로 우리가 나음을 입었습니다. 제 친구에게

> 당신의 자비를 구하오니 당신께서는 참으로 이 친구를 당신의 뜻과 영광에 따라 그의 질고에서 낫게 해주시고 그의 죄스러운 길에서 그를 깨끗케 인도해주실 수 있나이다. 메시아 예수의 이름으로 기도합니다. 아멘."

앞으로 종교간 관계에서 이러한 쟁점들을 다루려면 대화를 어떻게 해나가야 할 것인가?

분명한 것은 확신있는 그리스도인의 믿음이 무슬림들과의 건강한 관계들을 돕는다. 그리스도인들의 무슬림들과의 관계형성을 위해서 우리는 분명한 신학적인 입장에서 시작해야 하는 것이며, 우리의 진실한 생각이나 온전한 진리를 감추거나 이를 말하는 데 두려워할 필요가 없다. 무슬림은 우리가 믿는 것을 담대하게 말하는 것을 보고 경탄할 것이다. 우리가 대화를 할 때 진리에서 시작하면 무슬림은 그 진리를 진지하게 생각할 것이다.

무슬림이 죄인이라는 것을 깨닫는 확신이 없으면, 그는 결코 구세주를 찾지 않을 것이다. 그는 하나님을 거역한 그의 죄를 보지 않는 이상 뉘우치지 않을 것이다. 그는 성령을 떠나서는 그리스도께 고개 숙이지 않을 것이다. 우리는 이 성령을 전적으로 의지하는 것이다.251)

그리스도인들은 그들이 서있는 곳을 알아야 한다. 그리고 우리의 믿음에 대해 우호적인 관계에서 설명해 줄 준비가 되어 있어야 한다.252) 무슬림과의 대화는 그들을 존경하여야 하며 그들이 하는 말에 먼저 주의 깊게 귀를 기울여 들어야 한다. 그리고 그들의 믿음에 대해 그들이 무엇을 말하는지 진지하게 고려해야 한다. 더불어 우리 자신의 믿음과 우리가 고백하는 구세주에 대한 충분한 지식을 포함하여야 한다. 물론 진실한 그리스도인의 대화는 복음의 사실에 대해 무슬림을 납득시키는 목표를 포함해야 할 것이다.253)

이에 대해 마틴 골드스미스는 대화의 필수 요건에 대하여 말하기를, "만일 죄와 잘못이 미약한 역할만 하면 십자가에서의 구속의 사역 또한 중요하게 다뤄지지 못할 것이다. 대화의 형식에서 그리스도인의 강조점이 너무 지나치게 듣고 배우기만 하고, 무슬림이 회심하도록 하는 목표로 예수 그리스도의 좋은 소식을 전하지 않는다면…254) 그러나 진실한 대화는 우리 인간의 구원을 위해 예수 그리스도의 죽음과 부활을 받아들이고 예수를 따르도록 설득하는 특별한 목표를 포함하여야 한다. 대화와 전도는 동전의 양면을 나타내는 것이다."255)

고든 니켈Gordon Nickel이 주장하는 대화의 핵심은 다음과 같다. "예수 그리스도의 주권, 하나님의 아들 예수 그리스도 안에서 그분의 거룩한 자기 계시와 같은 기독교 믿음의 기본적인 요소들에 우리의 헌신은 무슬림과의 대화의 질을 결정할 것이다…우리는 십자가에 못 박혀 죽으시고 죽음에서 살아나신 예수 그리스도에 관한 선포의 일관된 중심에 견고한 이해력을 지니고 있어야 한다."256)

데이비드 헤셀그레이브David J. Hesselgrave는 성령의 작용을 언급한다. "만일 그들이 확신이 들어 회심까지 하게 하려면 성령이 인간의 마음에 하나님의 말씀과 진리로 작용해야 한다. 이 진리는 무슬림의 경우 더 강조될 필요가 있다. 우리의 기초적인 접근이 그들로 하여금 갈보리에서 들림 받은 그리스도를 보도록 도울 것임이 분명하다. 무슬림이 이 사실을 잘 받아들이려 하지 않겠지만 그리스도께서는 들려져서 여전히 모든 사람이 그분께 나아오기를 기다리시는 것이다."요12:32 257)

그리스도인들은 무슬림들에게 사랑으로 접근하여야 한다. 그리고 그들에게 복음의 도움으로 영향을 미칠 필요가 있다. 무슬림들은 정체불명의 그룹이 아니다. 그들은 하나님의 형상으로 창조된 사람들이다. 세계복음주의연맹World Evangelical Alliance의 종교의 자유 국제연구소

International Institute for Religious Freedom 대표 토마스 쉬르마허Thomas Schirrmacher는 그리스도인의 책임에 대하여 말한다.

> "그리스도인들은 다른 사람들을 하나님의 형상으로 늘 바라본다. 비록 그들이 전적으로 그리스도인과 의견이 다르다 할지라도 말이다…그들 자신의 종교 신봉자들에게만 인간의 권리를 부여하는 종교도 있으나 그리스도인들은 그들 적들의 인권조차도 방어하며 그들을 위해 기도하고 사랑한다."258)

무슬림과의 대화에서 그리스도인들은 기독교 믿음의 대행자로서 전도와 대화 간에 긴장을 극복하도록 훈련되어야 하며 이 믿음이 이해되기를 원하는 방도로 이슬람을 이해하도록 노력하여야 할 것이다.

세계교회협의회 총무 사무엘 코비아Samuel Kobia는 "공통의 말씀" 서신에 대해 실제적인 의견을 말한다. "그것은 많은 희망을 준다…이 편지의 시기가 또한 중요하다. 오늘날 모든 인류는 세계에서 폭력의 상황에 어떻게 응답해야 하는지에 관해 지도해줄 종교 지도자들을 찾고 있다."259)

사랑에 대해 말하는 것은 더 깊이 있는 차원으로 평화의 의미를 취하는 것이다. '평화' 란 단어는 단순히 갈등이 없음을 의미할 수도 있지만 이에 대해 예일 신앙과 문화 연구소의 화해 프로그램의 대표 조셉 커밍 Joseph L. Cumming은 더 깊게 접근한다.

> "만일 우리가 서로 분리된다면 그래서 우리가 서로를 죽이지 않는다면 우리는 어떤 종류의 평화를 가지게 될 것이다. 그러나 만일 우리의 진실된 평화의 비전이 우리 존재의 모든 것으로 하나님을 사랑하고 우리 자신을

*사랑하는 것같이 서로를 사랑하는 것을 포함한다면 이것은 단지 분리와 는 매우 다른 종류의 행위를 요구한다."*260)

성경은 이에 대해 적절한 방향을 제시한다. 적까지 하나님의 사랑으로 서로 품는 것이다. 레위기 19:34, "너희와 함께 있는 타국인을 너희 중에서 낳은 자같이 여기며 자기같이 사랑하라 너희도 애굽 땅에서 객이 되었다 나는 너희 하나님 여호와니라." 우리는 우리의 이웃들을 환영하고 그들에게 예수에 대한 진실을 말할 준비가 되어 있는가? 그리스도인들이 평화를 생각할 때 우리는 즉각적으로 복음에 있는 예수의 가르침을 생각한다. "화평케 하는 자는 복이 있나니 저희가 하나님의 아들이라 일컬음을 받을 것임이요."마5:9 결국 평화의 주인공은 그분의 무한한 사랑으로 다스리시는 하나님이시다.

19
결론

하나님 사랑과 이웃 사랑에 관한 주제는 무슬림들이 그리스도인들에게 제안한 "공통의 말씀"의 기반이 되었다. 무슬림들 입장에서 종교간 대화를 위한 진지한 기초는 이슬람의 유일신 신앙인 타우휘드에 있다. 예일 응답은 이슬람의 타우휘드에 의존하는 무슬림의 의도261)를 이해하면서도 한편으로는 하나님 자신을 '사랑의 존재'로서 성경을 통해 부각시킨다. 하나님의 무한한 선goodness은 하나님과 그분의 우리를 향한 사랑 안에 늘 함께 있다. 이슬람의 경우는 인간이 믿는 자가 되어 알라를 사랑하면 알라가 그 믿는 자에게 사랑을 베푼다고 주장하지만, 그리스도인의 경우는 하나님께서 인간을 먼저 사랑하셨기 때문에 우리가 그분을 사랑할 수 있는 것이다.

예일 응답은 인간의 이웃에 대한 사랑을 언급하면서 예배드릴 수 있는 자유와 권리가 다른 사람들에게도 있다는 것을 고려해야 한다고 강조하였다. 그리스도인에게 예배의 자유와 권리는 이슬람 상황에서 매우 중요한 문제이기 때문에 무슬림 지도자들에게 주지시키는 것이 필요하다고 본 것이다. 예일의 응답은 "공통의 말씀"의 제안과 대조적으로 사랑받아야 하는 '이웃'의 개념에 우리의 적을 포함시킴으로 하나님의 형상으로 지음 받은 인간이 당연히 하나님을 닮을 수 있으며, 사랑의 하나님을 본받는 삶을 적들에게까지도 나타낼 수 있다는 것을 보여주었다.

온건한 무슬림들에 의해 발기된 이 "공통의 말씀"에서 우리 그리스도인은 이중의 사랑 계명을 통해 무슬림들과 대화할 문을 열 수 있다고 이해한다. "공통의 말씀"은 단순히 종교 간의 대화나 신학적인 토의를 위한 것이 아니라 이러한 주제로 시작하여 그들을 만날 수 있고 그들의 마음에 호소할 수 있도록 하나님께서 조성해 주시는 하나의 기회이다.262) 하나님 자신의 사랑은 은혜의 선물로서 모든 인간 사랑이 시작하게 되는 기점이다. 우리 그리스도인들은 바로 그 하나님의 본질이 사랑이라는 것을 강조하고, 이것이 늘 하나님에 대한 우리의 사랑에 선행한다는 것을 보여야 한다. 참으로 우리는 하나님을 사랑할 수 있고 서로를 사랑할 수 있다.263) 아무도 하나님을 본 사람이 없으되 만일 우리가 서로 사랑하면 하나님이 우리 가운데 거하시고 그의 사랑이 우리 안에서 완전케 된다요일4:7~12는 말씀은 우리에게 하나님 사랑의 확신을 더해준다.

그리스도인들에게, 이 사랑은 궁극적으로 예수 그리스도의 삶, 죽음, 부활 그리고 존귀케 됨에서 나타난다. 하나님의 사랑이 그리스도 안에서 그분의 자기희생을 통해 보여주지만, 그것은 우리에게 하나님과 다른 사람들을 사랑하는 것이 가능하도록 힘을 부여해 주시는 것이다. 예수 그리스도는 우리가 하나님께 다가가고 그분을 알 수 있도록 길을 정해주신 구세주이시다. 요한복음 3장 16절, "하나님이 세상을 이처럼 사랑하사 독생자를 주셨으니 이는 저를 믿는 자마다 멸망치 않고 영생을 얻게 하려 하심이니라." 우리는 이 예수를 무슬림에게 소개하는 것이다.

속죄의 성격은 피 흘림에 있다.레17:11 예수는 속죄주, 희생양이다. 레위기 17장 11절 "육체의 생명은 피에 있음이라 내가 이 피를 너희에게 주어 단에 뿌려 너희의 생명을 위하여 속하게 하였나니 생명이 피에 있으므로 피가 죄를 속하느니라." 사복음서에서 사분의 일의 내용이 예수 그리스도의 죽음과 부활에 관련한 것이다. 이것이 바로 십자가가 예수께서 세상에 오신 목적이었다.요12:27는 중요한 메시지인 이유이다.

많은 사람이 알지 못하는 하나님을 예배한다.행17 그들은 중보자를 필요로 하지 않는다고 말한다. 하지만 하나님의 은혜는 우리의 죄를 대신해서 돌아가신 예수 그리스도의 죽음에서 예증되었다. 그래서 구원은 오로지 그리스도의 대속 때문에 가능하게 된 것이다. 마태복음 26장 28절, "이것은 죄 사함을 얻게 하려고 많은 사람을 위하여 흘리는 바 나의 피 곧 언약의 피니라." 여기에서 속죄는 화해의 수단이다. 예수는 우리의 죄를 대신하여 속죄하는 희생이다. 요한일서 2장 2절에 말씀하시기를, "저는 우리 죄를 위한 화목제물이니 우리만 위할 뿐 아니요 온 세상의 죄를 위하심이라." 우리는 우리에게 우리의 이웃을 사랑하라고만 말한 것이 아니라 "회개와 죄 용서가 그분의 이름으로 모든 민족에게 전파되어야 한다"눅24:47고 말씀하신 예수의 명령에 복종해야 한다. 요한계시록 12장 11절("또 여러 형제가 어린 양의 피와 자기의 증거하는 말을 인하여 저를 이기었으니 그들은 죽기까지 자기 생명을 아끼지 아니하였도다")과 같이 우리 그리스도인은 필요시에 죽음에서 움츠러들지 않고 성령의 지시에 따라 우리 생명을 바칠 정신이 있어야 한다. 이 시점에서 우리는 하나님과의 밀접한 교제 가운데 거함으로써 그분께 쓰임 받을 수 있을 것이다.

우리는 메시아라 불리는 예수님을 따르는 자들이다. 예수께서는 우리에게 최고의 중요성을 부여한다. 빌립보서 1장 21절, "이는 내게 사는 것이 그리스도니 죽는 것도 유익함이니라."

우리는 세상에서 하나님과 서로에게 화해하도록 모든 곳에 있는 남녀들을 초대하는 평화조정자로서 살기를 추구해야 한다. 마태복음 5장 9절, "화평케 하는 자는 복이 있나니 저희가 하나님의 아들이라 일컬음을 받을 것임이요." 그냥 "안녕"이라고 인사하는 것으로는 충분하지 않다. 당신의 집에 한 사람의 무슬림을 초대해 보라. 그리고 우리의 시간을 나누고 그들의 문제들을 도와보라. 위의 "공통의 말씀"은 종교 간의 지도자들만이 거론하는 내용이 아니라 우리 일상의 삶에서 만나게 되는 개인 무슬림과의 대화에서 반드시 공통 기반이 되는 말씀이다. 이러한 면에서 본 2부의 주제는 우리 개인전도와 대화에 안목을 넓혀주고 있고 잊지 말아야 할 중심 내용을 새롭게 기억시켜 주고 있다.

만일 우리가 참으로 무슬림 이웃을 사랑한다면 우리는 확실히 그가 예수 그리스도의 복음을 이해하도록 열망할 것임이 당연하다. 우리는 그에게 길이 되시는 예수를 보여줌으로써 아버지와 함께 하나님나라에 합류하기를 진심으로 기대해야 한다. 그들은 알지 못하는 하나님을 예배한다.행17 사랑의 하나님은 이러한 사람들을 위해 메시지를 주셨다. "하나님은 모든 사람들을 사랑하시고"요3:16 이 하나님께서는 죄인들조차 사랑하신다롬5:8고 말이다.

글을 마치며

　우리 그리스도인들은 이슬람 세계에서 우리의 문화를 고수하지 않고 그리스도의 복음을 명확히 제시해야 하며 우리의 문화가 성경적 복음의 성격에 따라 이슬람 세계에 과연 수용될만한 것인지에 대하여 자성과 반성을 하여야 한다. 그리스도인들은 인간의 재주나 기술에 의지하는 접근이 아니라 성경의 원칙을 고수하는 가운데 삶을 온전하게 개혁하기 위해, 먼저 자신이 말씀대로 살아가야 하며 복음의 능력을 지니고 그 능력이 무슬림들에게 미치도록 우리 그리스도인들 간에 서로 일깨우며 변혁의 주체이신 그리스도의 문화를 구현해 가야 한다.

　그리스도인으로서, 특히 무슬림들을 대상으로 하는 사역에서는 모든 사회와 사상의 영역에서 예수 그리스도의 인격을 지니고 성령의 능력이 그들에게 드러나도록 하며, 그리스도의 정신과 함께 관대함과 사랑으로 그들을 대하려고 노력하여야 한다. 그리고 일터와 만남의 장소에서 그들을 진정 이웃으로 바라보며 이웃을 자기 몸과 같이 사랑하라 하셨던 주님의 명령을 따라야 한다. 무슬림들의 필요와 생각을 배려하며 그들을 위해 기도하는 마음으로 다양한 분야의 접근 사역에서 섬김과 희생의 값을 치루는 용기와 결단이 중요하다. 이러한 접근방식으로 성경적 복음의 온전함을 우리의 삶 가운데 나타내는 것이 로잔이 그려주는 우리가 가져야 할 자세이다.

후 주
endnote

1) http://www.wheaton.edu/bgc/archives/berlin66.htm 참조
2) 로잔언약 제5항: 그리스도인의 사회적 책임
3) AD2000운동(AD2000 & Beyond Movement)은 2,000년까지 모든 민족을 위한 교회 설립과 모든 사람에게 복음이 유효하도록("A church for every people and the gospel for every person by the year 2000")하기 위해 공동 협력을 촉구한 1980년대 후반기에 전개된 세계적인 복음주의 네트워크였다. http://www.ad2000.org/ad2kovr.htm 을 참고하라.
4) 로잔운동의 흐름에 대해서는 http://www.thewardrobe.org/lausanne/data/Overheads/Lausanne_Overview_Overheads.pdf를 참고하라.
5) 본 글에서는 이 용어를 "공통의 말씀"이라 약어 표기하기로 한다.
6) 로잔언약 제12항은 성경적 복음에 대해 말한다. "The Church must be in the world; the world must not be in the Church."
7) 로잔언약 제9항: 복음전도적인 과업의 긴급성
8) http://www.lausanne.org/covenant
9) http://www.lausanne.org/manila-1989/manila-manifesto.html
10) http://www.lausanne.org/ctcommitment
11) 이는 Lausanne Theology Working Group의 의장 크리스토퍼 라이트Christopher J. H. Wright가 말한 내용이다. Christopher J.H. Wright, "'The Whole Church' - Reflections of the Lausanne Theology Working Group," Justin Thacker, ed. *Evangelical Review of Theology*, Volume 34, Number 1, January, 2010, p. 3.
12) "통전적 선교"(Integral mission)는, 개인과 사회 그리고 창조물을 위한 예수 그리스도의 십자가와 부활을 통하여 복음이 하나님의 좋은 소식이라는 성경적인 진리를 분별하고(discerning), 선포하며(proclaiming), 실제로 그렇게 살아가는 것(living out)을 의미한다. 모든 삶의 영역에서 믿음과 삶이 분리되지 않는 방식으로 선포와 삶의 증거가 서로 작용해야 한다는 것이다. "It is not simply that evangelism and social involvement are to be done alongside each other. Rather, in integral mission our proclamation has social consequences as we call people to love and repentance in all areas of life. And our social involvement has evangelistic consequences as we bear witness to the transforming grace of Jesus Christ."
13) Christopher J. H. Wright, *The Mission of God's People: A Biblical Theology of the Church's Mission* (Grand Rapids, Michigan: Zondervan, 2010), p. 30.

14) Ibid., p. 28.
15) David Bosch, 『변화하고 있는 선교』(기독교문서선교회) *Transforming Mission: Paradigm Shifts in Theology of Mission* (Marynknoll: Orbis, 1996), pp. 336-37 참조.
16) 1910년 에딘버러 국제선교대회는 현대 에큐메니칼 운동의 시작으로 간주된다. 이 대회의 결과로, 1921년에 최초로 세계적 에큐메니칼 기구인 국제선교협의회(IMC; International Missionary Council)가 조직되었으며, 1961년에는 세계교회협의회(WCC; World Council of Churches)에 병합되었다. Allan K. Davidson, "From Edinburgh 1910 to Auckland 2010," p. 6을 참조하라. http://www.methodist.org.nz/files/docs/mission%20and%20ecum/allan%20davidson.pdf
17) John R. W. Stott, "The Significance of Lausanne," *International Review of Mission*, July, 1975, pp. 291-94.
18) Ibid., p. 288.
19) Ibid., p. 290. 이번 2010년 케이프타운 대회에서도 성경적 복음의 진리를 선포하는 것을 기본적으로 고수하면서 진보주의 진영(WCC와 가톨릭)의 지도자들을 초대하여 겸손과 섬김의 정신으로 하나님과 세상 간의 깨어진 관계를 회복하기 위한 화해의 복음과 공동협력의 장을 마련해 주었다.
20) "Effective Theological Education for World Evangelization," pp. 3, 46, Lausanne Occasional Paper No. 57, produced at the 2004 Forum for World Evangelization in Pattaya, Thailand, 2004 참조.
21) Roger E. Hedlund, *Roots of the Great Debate in Mission, Mission in Historical and Theological Perspective* (Bangalore: Theological Book Trust, 1981), p. 407.
22) Ibid., p. 408.
23) 케이프타운 서약의 제1부(믿음의 고백)의 내용을 요약하자면 "We love the living God, His Word, world, people, missions"와 같다.
24) "Cape Town 2010 Advance Papers," http://conversation.lausanne.org/en/advance_papers 참조.
25) Benjamin A. Kwashi, "Bearing Witness to the Love of Christ with People of Other Faiths," p. 2. Cape Town 2010 Advance Paper.
26) 케이프타운 대회 제4일째 언급한 내용을 인용한다: "What should the priorities be for the Body of Christ? The focus of these priorities will be towards seeing disciple-making in every people group of the world. Evangelism is not enough." Paul Eshleman, "World Evangelization in the 21th Century," p. 2, Lausanne Strategy Working Group, Cape Town 2010.
27) 1974년 제1차 로잔대회가 개최될 당시에 많은 사람이 생각하기를 복음이 모든 대륙의 거의 모든 국가에 들어갔으므로 선교사역이 끝나가고 이제 남은 유일한 과업은 지역의 그리스도인들이 복음전도에 가담하는 것이라고 생각했다. 이에 대한 반대

의견으로 랄프 윈터는 문제점을 지적하였는데, 세계 민족의 수십억이 타문화권 선교사들에 의해서만 미칠 수 있다고 통계로 증거하면서 대부분 비그리스도인들은 어느 그리스도인들과도 문화적으로 가깝지 않으므로 "모든 부족, 방언 그리고 민족"(Every Tribe, Tongue and Nation)이란 표제 아래 Unreached People Groups(hidden peoples를 찾는 의미에서)를 강조하며 타문화권 복음전도로 그들에게 미쳐야 한다는 이론을 펼쳤다. Timothy Monsma, "Homogeneous Networks": A Label that Promotes Good Evangelistic Strategies in Cities, 5 p. http://www.ijfm.org /PDFs_IJFM/03_1-4_PDFs/3_1Monsma.pdf

28) 케이프타운 대회 제4일째 언급한 내용을 인용한다: "every part of the world is called to go to every part of the world. No country is exempt from sending and no country is exempt from receiving. There is no room for triumphalism." Eshleman, "World Evangelization in the 21th Century," p. 3.

29) 아직도 복음이 미치지 못한 사람들 가운데서 전도와 제자훈련과 더불어 취해야 하는 절박한 급선무로 다음과 같이 두 사항을 언급하였다: "Living out our faith is an absolute imperative. Every believer should be a humble reflection of Jesus... Loving one another and working together should be the standard of the Church. God has given each person and organization unique gifts and callings." Eshleman, "World Evangelization in the 21th Century," p. 3.

30) 케이프타운 대회의 Lausanne Strategy Working Group에서 분류하여 10월 22일에 발표한 세계복음화를 위한 우선순위의 요소들은 성경번역과 사용, 미전도종족 그룹들, 세속주의자를 포함한 타종교인들 전도, 구두학습자들에게 복음 미치기, 교회설립, 기도와 연합, 긍휼사역, 뉘우침과 성령의 능력, 인적 물적 동원, 그리고 연구와 통계조사이다, 구체적인 내용은 Eshleman, "World Evangelization in the 21th Century," 19 p.를 참고하라.

31) S. Kent Parks and John Scott, "Missing Peoples: The Unserved 'One-Fourth' World: Especially Buddhists, Hindus & Muslims," 10 p. Cape Town 2010 Advance Paper. 여기에서 "Missing People"은 도시에 몰린 인구들을 포함하여 대부분 무슬림(3354 Missing Peoples, 1.46 billion individuals), 힌두교도(2622 Missing Peoples, 987 million individuals), 불교도(575 Missing Peoples, 617 million individuals)를 가리킨다.

32) Ibid., p. 3.
33) Ibid., p. 4.
34) Ibid., p. 5.
35) "Hidden and Forgotten People including those who are disabled," pp. 24-25, Lausanne Occasional Paper No. 35, produced at the Pattaya Forum, 29 September to 5 October, 2004.
36) "Effective Theological Education for World Evangelization," Lausanne Occasional Paper No. 57, produced at the 2004 Forum for World

Evangelization in Pattaya, Thailand, 2004.
37) 예를 들어, 그리스도인들과 무슬림들, 유대인들 간의 많은 대화를 특징짓는 것으로 이 세 유일신 신앙 모두는 같은 하나님을 예배하는 것처럼 보이는 가설인데 무슨 형식을 취하든 간에 이 예배는 유효하고 받아들여질 수 있다. 이것은 그리스도 안에서 하나님의 자기 계시의 유일성을 부정하고, 불가피하게 그리스도의 신성의 진리를 타협하고 십자가의 힘을 흐리게 하며 구주 예수 그리스도와의 구원하는 만남(encounter)을 위한 모든 사람들의 필요를 의심하게 한다.
38) "Effective Theological Education for World Evangelization," p. 10.
39) Ibid., p. 12.
40) Ibid., p. 28.
41) 본 장에서 필자는 무슬림 복음화의 방법론을 다룬 중요한 회의 문서인 글렌 아이리 보고서(The Glen Eyrie Report: Muslim Evangelization in Colorado, 1978)와 파타야 회의 보고서(Report of the Consultation on World Evangelization in Pattaya, 1980)를 가능한 대로 회의 내용 그대로 자세히 반영하려고 노력하였다.
42) Lausanne Occasional Paper 4, The Glen Eyrie Report: Muslim Evangelization, http://www.lausanne.org/glen-eyrie-1978/lop-4.html#I 이 회의는 복음이 미치지 못한 무슬림들의 복음화를 위해 그들의 이슬람 문화 가운데 복음이 어떻게 관련될 수 있는지를 폭넓게 탐구하였다.
43) 글렌 아이리 보고서
44) Ibid.
45) 많은 연구가 왜 복음전도의 진보가 어려웠고 천천히 진행되었는지 살펴보았다. 주원인 중의 하나는 기독교가 외국인 종교로 보여왔다는 사실이다. 저명한 힌두, 무슬림, 불교 지도자들은 이 기독교 신앙이 자주 공개적으로 다양한 매스미디어를 통해 강화되었다고 말한다. 그 메시지는 원래 문화적으로 민감하지 못했고 때로는 부적합한 동기들에 의해 이끌렸던 서구 선교사들에 의해 빈번하게 전해졌다. 그들의 메시지는 전통적인 문화적이고 종교적인 상황들을 위해 존경을 보여주지 않았다. 서양 양식인 교회들의 건축은 전통적인 건축과 너무 다르다. 심지어 오늘날 다원주의, 포스트모던 서양 문화들에서 조차 기독교는 점점 더 문화를 따돌리고 점진적으로 변화하는 사회와 접촉이 없다. "Effective Theological Education for World Evangelization," p. 28.
46) Lausanne Occasional Paper 2. The Willowbank Report: Consultation on "Gospel and Culture," January, 1978. 당시 Lausanne Committee's Theology and Education Group은 1978년 1월에 논의해야 할 제목에 관한 협의회를 소집하였다. "복음과 문화"를 연구하기 위해 6개 대륙에서 33명의 신학자, 문화인류학자, 언어학자, 선교사와 목회자가 함께 모였는데 Lausanne Committee의 Strategy Working Group에 의해 공동으로 발기된 네 가지 목표는 첫째, 하나님의 계시와 관련하여 복음과 문화의 상관성에 대한 우리의 이해를 개발하는 것, 둘째, 타문화권에서 복음의 의사전달의 영향을 비판적으로 반성하고, 셋째, 복음의 의사전달을 더

적합하게 하기 위해 요구되는 도구들을 확인하고, 넷째, 교회와 선교에 기독교 지도자들과의 회의의 열매들을 나누고자 한 것이었는데 이 회의의 결과는 복음의 상황화의 쟁점으로 이어지게 한 공헌을 하였다.

47) 세계인권선언은 1948년 12월 10일에 유엔총회(General Assembly of the United Nations)에서 채택되고 선포되었다. 제2조에 "모든 인간은 인종, 피부색, 성별, 언어, 종교, 정치 또는 기타 견해들, 국가적 또는 사회적 출신, 재산, 출생 또는 다른 신분과 같은 어떠한 종류의 차별없이 이 선언에서 공포된 모든 권리와 자유를 누릴 자격이 있다"라고 이른다. http://www.un.org/en/documents/udhr/index.shtml

48) 글렌 아이리 보고서

49) Ibid.

50) Ibid.

51) Ibid.

52) Ibid.

53) Lausanne Occasional Paper 13, "Christian Witness to Muslims," Report of the Consultation on World Evangelization -Mini-Consultation on Reaching Muslims, held in Pattaya, Thailand from 16-27 June, 1980, Sponsored by the Lausanne Committee for World Evangelization. http://www.lausanne.org/all-documents/lop-13.html

54) 1980년 파타야 회의 보고서(Pattaya Consultation Report)

55) 글렌 아이리 보고서(The Glen Eyrie Report)는 무슬림 세계가 복음에 완전히 반대적인 것처럼 첫 인상에 보이는 이유 세 가지를 들고 있다. "첫째, 역사적인 이유인데 많은 무슬림들의 기독교에 대한 시각이 나쁜 기억들에 의해 채색되어진 것을 피할 수 없다. 둘째, 신학적인 이유인데 꾸란이 이전에 계시된 모든 것의 본질을 셈하기 때문에 무슬림은 복음을 그냥 반대하게 되어 있다. 셋째, 사회학적이고 정치적인 이유로 이슬람은 하나님에 속한 것과 가이사에 속한 것 사이의 구분을 하지 않는다. 인간들 가운데 하나님의 왕국은 모든 진실한 무슬림들의 마음에만 나타나야 하는 것이 아니라 그들의 사회와 국가들에도 나타나야 한다. 이상적으로 그 국가는 이슬람 체제이어야 하고 그 국가의 헌법은 하나님의 계시된 법(Shari'ah)에 기초해야 한다. 이 확신이 가족, 부족, 국가의 결속의 느낌들을 강화할 때 무슬림은 그가 한 무슬림 국가(Ummah)에 속한다는 강한 느낌을 갖는다. 그러므로 그리스도인이 되도록 하는 초청은 가족, 부족, 그리고 국가로부터 스스로를 잘라내 버리기 위한 초청으로 보인다. 이러한 다른 이유들과 함께 이슬람 세계는 복음에 완전히 적대적이다."

56) Lausanne Occasional Paper No. 2. The Willowbank Report:Consultation on "Gospel and Culture"에서는 복음의 의사 전달과 수용의 과정에서 문화에 대한 질문이 아주 중요하다고 하며 만일 복음이 상황화되어야 한다면 교회도 상황화되어야 한다는 의미심장한 언급을 하였다.

57) 이슬람 문화에 대해 이슬람이 하는 접근을 교회에 꾀하면서 (무슬림 교회로) 사회과학을 끌어들이는 것을 의미한다. 역동적 등치의 목적은 성경을 최초로 받은 자들의 사리분별 있는 응답과 오늘날 그들을 위해 완성된 번역본을 받은 자들의 응답간에 등치(epuivalence)를 일으키는 면에서 표현되었다. Schlorff, *Missiological Models in Ministry to Muslims*, p. 81 참조.
58) Lausanne Occasional Paper 13. 이러한 질문들을 고려하며 글렌 아이리 보고서 (The Glen Eyrie Report)는 몇 가지 주요한 주의를 기울인다. "서투른 모방이나 판에 박힌 방식을 만들어내지 않고 그룹 접근과 개인을 뽑아내는 접근 사이에 어떠한 대립을 경계해야 한다. 접근들의 다양성의 필요를 단조롭게 해석하려고 하지 말아야 한다. 우리가 미리 생각한 이론들(예를 들어 눅14:26; 15:7, 19:9, 요4:39-42, 행 16:31-34)이 옳다고 하기 위해 성경을 사용하는 것을 피해야 한다. 성령의 주권적인 역사하심을 신뢰하는 것 때문에 방법론들에 대한 토의에 대한 필요를 제하지 말아야 한다. 신학이나 접근의 진정한 차이들에 기초한 우리 자신들 안의 반응들과 문화적이거나 감정적인 요소들에서 솟아나는 것들 사이에 분간을 하도록 노력하여야 한다."
59) 샘 쉴로르프(Sam Schlorff)는 꾸란의 본문을 어떤 식으로 접근하고 해석하였는지 무슬림 전도에 선교사들이 사용한 다양한 접근들을 역사적으로 조명하면서 변증론이나 반박이론, 이슬람에 대한 역사적 비평이 때로는 유용하고 필요할 수도 있지만 상황과 방법론이 적용되기 이전에 주의 깊게 평가되어야 한다고 보며, 기독교의 확실한 교리들(예, 성경의 무오성, 그리스도의 신성)을 무슬림들에게 증거하고자 꾸란이 어떻게 사용되어 왔는지를 설명하였다. Sam Schlorff, *Missiological Models in Ministry to Muslims: An Historical – Theological Investigation* (Pennsylvania: Middle East Resources, 2006), 202 p. 참조.
60) 마틴 골드스미스(Martin Goldsmith)는 대화의 필수 요건에 대하여 말하기를 "만일 죄와 잘못이 미약한 역할만 하면 십자가에서의 구속의 사역 또한 중요하게 다뤄지지 못할 것이다. 대화의 형식에서 그리스도인의 강조점이 너무 지나치게 듣고 배우기만 하고 무슬림이 회심하게끔 하는 목표로 예수 그리스도의 좋은 소식을 전하지 않는다면…" Martin Goldsmith, *What About Other Faiths? Is Jesus Christ the only way to God?* (London: Hodder & Stoughton, 1989), p. 139. "그러나 진실한 대화는 우리 인간의 구원을 위해 예수 그리스도의 죽음과 부활을 받아들이고 예수를 따르도록 설득하는 특별한 목표를 포함하여야 한다. 대화(dialogue)와 전도(preaching)는 동전의 양면을 나타내는 것이다." Ibid., p. 157. 고든 니켈(Gordon Nickel)이 주장하는 대화의 핵심은, "예수 그리스도의 주권(Lordship), 하나님의 아들 예수 그리스도 안에서의 그분의 거룩한 자기 계시와 같은 기독교 믿음의 기본적인 요소들에 우리의 헌신은 우리의 무슬림과의 대화의 질(quality)을 결정할 것이다… 우리는 십자가에 못박혀 죽으시고 죽음에서 살아나신 예수 그리스도에 관한 선포의 일관된 중심에 견고한 이해력을 가져야 한다." Gordon D. Nickel, *Peaceable Witness among Muslims* (Scottdale, PA: Herald Press, 1999), p. 70.

61) 세계인권선언 제18조에 이르기를, "모든 인간은 사상, 양심 그리고 종교의 자유에 대한 권리가 있다. 이 권리는 그의 종교나 신념 그리고 자유를 바꿀 수 있는 자유를 포함하고, 홀로이든 다른 사람들과 같이 하는 공동체에서든 간에 그리고 공적이든 사적이든 간에 교의, 의식, 예배 그리고 준수에 의해 그의 종교나 신념을 분명히 나타내는 자유를 포함한다." http://www.un.org/en/documents/udhr/index.shtml 1990년 7월 31일-8월 5일 이집트 카이로에서 개최된 외무 장관들의 19번째 이슬람 회의(평화, 상호 의존 그리고 발전)에서 선언된 이슬람의 카이로 인권 선언(Cairo Declaration on Human Rights in Islam)에서도 제18조 (a)항에 "모든 사람은 자신, 자신의 종교, 자신의 부양가족, 자신의 명예 그리고 자신의 재산을 위해 안전히 살 권리를 가진다."고 표명하고 있다. http://www1.umn.edu/humanrts/instree/cairodeclaration.html

62) Lausanne Occasional Paper 13. 세계복음주의연맹(WEA)에 속한 종교의 자유 국제연구소(International Institute for Religious Freedom, IIRF)는 세계적으로 종교의 자유 침해에 관한 신뢰할 만한 자료를 연구하고자 여러 대륙에 있는 교수, 학자, 그리고 전문가로 구성된 네트워크이며, 대학 프로그램들, 특히 법, 사회학, 종교학, 그리고 신학 프로그램들에 이 주제를 추가하려고 관심을 기울이고 있다. IIRF는 인권 그룹들, 선교회, 그리고 WEA의 종교의 자유 위원회(Religious Liberty Commission, RLC)-이와 더불어 지역적이고 국가적인 연맹들로 활동 중인 RLC들-와 같은 수많은 기관들이 관련된 정보를 제공하고 있다. http://www.iirf.eu를 참고하라.

63) "The Persecuted Church," Lausanne Occasional Paper No. 32, 2004 Forum for World Evangelization in Pattaya, Thailand, 29 September to 5 October, 2004. www.lausanne.org/documents/2004forum/LOP32_IG3.pdf

64) 1989년 이래로 그리스도인 박해의 주요 상황이 이슬람 세계에서 벌어졌다. "The Persecuted Church," p. 8.

65) "The Persecuted Church," p. 15. 종교핍박 1순위부터 10개 국가는 북한, 이란, 아프가니스탄, 사우디아라비아, 소말리아, 몰디브, 예멘, 이라크, 우즈베키스탄, 라오스이다. "World Watch List – Where Faith Costs the Most," Open Doors, USA, January, 2011, http://members.opendoorsusa.org/worldwatchlist/downloads/WorldWatchList2011.pdf, pp. 3-10 참조.

66) "The Persecuted Church," p. 51.

67) "Understanding Muslims," Lausanne Occasional Paper No. 49, 2004 Forum for World Evangelization in Pattaya, Thailand, 29 September to 5 October, 2004, p. 8.

68) Ibid., p. 8.

69) Ibid.

70) Ibid., pp. 8-9.

71) Ibid., p. 9.

72) Ibid.
73) Ibid.
74) Ibid.
75) Ibid., p. 12. 각 항목에 대한 자세한 사항은 pp. 12-18을 참고하라.
76) Khalifa Abdul Hakim, *Islamic Ideology: The fundamental beliefs and principles of Islam and their application to practical life* (Delhi: New Era Publishers, 1997), xii-xiii.
77) 하킴 박사에 의하면 꾸란의 가르침은 초기 선지자들에서부터 무함마드까지 종교의 본질적인 것들이 변하지 않은 것이라 한다. 이 선지자들은 창조적이고 인정이 많은 신의 유일성(Unity)을 선포했는데 똑같은 형제애, 습관, 관습, 풍습과 예배의 형태들을 지녔지만 사회적이고 경제적인 유형들은 환경에 따라 변화하였고 종교의 본질은 여러 형태들로 그 자체를 명시해왔다고 본다. Hakim, *Islamic Ideology*, p. 335를 보라.
78) 이스탄불대학교 신학부에서 가르치는 Cafer S. Yaran 교수는 그의 저서 *Understanding Islam* (Edinburgh: Dunedin Academic Press, 2007), 114 p.에서 이슬람의 이해를 이슬람의 주류와 온건주의 시각에서 접근하였다.
79) Syed Muhammad Naquib Al-Attas, *Islam and Secularism* (Kuala Lumpur: International Institute of Islamic Thought and Civilization, 1993), xiv.
80) 1990년 7월 31일-8월 5일(9-14 Muharram 1411H) 이집트 카이로에서 개최된 외무 장관들의 19번째 이슬람회의(평화, 상호 의존 그리고 발전)인 "Cairo Declaration on Human Rights in Islam" on the 5th of August, 1990, 제9조 (b)항. http://www1.umn.edu/humanrts/instree/cairodeclaration.html 같은 조항 (a)항에서 지식의 추구는 하나의 의무사항이고 교육의 공급은 사회와 국가의 의무이며 인간이 이슬람 종교에 정통하고 인류의 혜택을 위한 우주의 비밀들을 밝힐 수 있도록 하기 위해서 국가는 사회의 관심에 대해 지식의 다양성을 확실히 보장해야 한다고 가르친다.
81) Al-Attas, *Islam and Secularism*, xv.
82) 알 아타스는 이것에 '세속화'(secularization)란 용어를 사용한다. 이 용어에 대한 그의 정의에 따르면 세속화는 먼저 종교적인 것으로부터의 인간 해방이며 다음으로는 그의 이성과 언어를 통제하는 형이상학적인 것에서 벗어나게 하는 것이다. 세속화는 생활의 정치적이고 사회적인 일면들뿐만 아니라 문화적인 면-문화적 통합에 대한 상징들을 종교적으로 결정하는 것이 사라지는-을 불가피하게 내포한다. 자세한 사항에 대해 Al-Attas, *Islam and Secularism*, p. 17을 보라.
83) Ibid., xvi.
84) Ibid.
85) David Emmanuel Singh. "Abu al-Al Mawdudis political theory: Some ideas on Muslim-Christian relations," *Transformation*, 17:1 (January-March, 2000), p. 6.

86) Ibid., p. 7.
87) "The Impact on Global Mission of Religious Nationalism and 9/11 Realities," Lausanne Occasional Paper No. 50, 2004 Forum for World Evangelization in Pattaya, Thailand, 29 September to 5 October, 2004, p. 14.
88) Ibid., p. 15.
89) 이러한 관점들에 대한 연구를 위해서는 John J. Donohue & John L. Esposito의 저서 *Islam in Transition: Muslim Perspectives* (New York: Oxford University Press, 2007), 512 p.를 참고하기 바란다. 이러한 책은 현대의 무슬림 사상가들이 이슬람을 단지 하나의 종교로만 보는 판에 박힌 식의 편견을 배제하고 포괄적이고 다양하게 접근하여 과도기에 있는 현대의 이슬람의 사회정치적 변화에 대한 범주를 주로 다루었는데 이슬람의 보수주의자, 원리주의자, 현대주의자, 진보주의자 등의 많은 무슬림의 의견을 골고루 반영함으로 사고의 범위를 넓게 하였다.
90) Ibid., pp. 1-2.
91) Fazlur Rahman Ansari, *Islam to the Modern Mind: Lectures in South Africa 1970 & 1972*, edited by Yasien Mohamed (Paarl, South Africa: Hidden Treasure Press, 1999), p. 288. 물질주의 팽배로 말미암은 예배정신의 결핍과 이슬람의 실천적인 처방에 관해서는 같은 책 pp. 291-92를 참고하라. 위의 인용문에서 유일성(Unity)의 개념은 무슬림 공동체의 토대이며 이슬람의 핵심 본질이다. 꾸란(3:110)에서 무슬림의 역할은 그들이 보기에 선한 모든 것을 초대하고 악한 것은 모두 박멸해야 한다고 가르친다. 이 공동체(ummah)는 같은 이상(ideal)을 나누지만 이 이상이 변하면 그때는 한 공동체(꾸란 23:52)가 아니라 다른 공동체들이나 이데올로기의 그룹들로 간주된다.
92) Ibid., pp. 143-44.
93) Ibid., pp. 289-90.
94) 예를 들면, 마올라나 마우두디(Maulana Maudoodi, d. 1979)는 이슬람에서 의(righteousness)의 행위는 다른 인간에게 선을 행하는 것을 의미하는 것이지 자기 자신의 개인적인 구원에 대해 관여하는 것이 아니며 이슬람의 역사와 법(Shari'ah)에 대한 단순한 지식이 아니라고 한다. 이와 같이 선이나 의로운 행위를 행하는 것의 개념은 필히 사회적이고 정직과 정의가 이슬람에서 최상의 미덕으로 부각된다. 그러나 오늘날 사회 질서에서 소수에 의해 다수가 착취되는 것에 기초한 사회경제적 체제가 존재하는 한 의의 개념이 실행될 수 없다고 가르친다. Zafaryab Ahmed, "4. Maudoodi's Islamic State," in Asghar Khan, ed. *Islam, Politics and the State: The Pakistan experience* (London: Zed Books, 1985), p. 101을 보라.
95) The International Institute of Islamic Thought (IIIT), *Islamization of Knowledge: General Principles and Work Plan* (Herndon, VA: The International Institute of Islamic Thought, 1989), p. 84.
96) IIIT, 85. 예를 들면, 무슬림들은 남아공화국 같은 국가를 포함하여 서구에 이슬람의 호의를 보이는 이미지를 보이기 위해 서구의 교육 시스템들을 이용한다. 그들은

학교 교육과정에 영향을 미치고 종교교육과 역사를 위해 사용된 교과서들을 다시 쓰는 것의 진행과정에 투입되기 위해 애쓴다. 이슬람의 폭력적인 일면들과 이슬람의 이름으로 자행된 역사적인 잔학성들을 무시한다. 이런 식의 접근은 이슬람주의(Islamism)가 꾀하는 방식의 영향을 받은 것으로 보인다. Patrick Sookhdeo, *The Challenge of Islam to the Church and its Mission* (McLean, VA: Isaac Publishing, 2009), pp. 62-63을 보라.
97) Kate Zebiri, *Muslims and Christians Face to Face* (Oxford: Oneworld, 1997), p. 94.
98) 수크데오 박사는 로잔위원회(Lausanne Committee for World Evangelization)와 세계복음주의협회(World Evangelical Fellowship)에서 이슬람에 대해 국제코디네이터로 섬긴바 있다.
99) Sookhdeo, *The Challenge of Islam*, p. 6.
100) Ibid., p. 8. 이슬람은 성과 속, 그리고 국가와 종교의 일치를 믿으며 정치적인 도전을 취하고 정치적인 권력을 얻기 위해 찾고 있는 신성한 법에 의해 통제되는 이데올로기가 있다. 자유나 평등이란 용어를 종종 사용하지만 사실 개인의 개종이나 전향뿐만 아니라 비무슬림에게 명확히 설명되지 않은 상태로 이슬람의 신앙과 가치들에 순응하도록 그 사회의 세계관을 변화시킨다.
101) Ibid., p. 11.
102) Ibid., p. 12. 수크데오는 부연하기를, "동시대 이슬람은 점점 더 무함마드 이후 처음 몇 세기동안에 형성된 전통적인 이슬람과 그것의 표명에 초점을 둔다고 본다. 대다수 무슬림의 합의사항은, 초기 이슬람 학자들에 의해 놓인 규정에서 어떠한 변경도 있을 수 없다는 것이다. 만들어질 수 있었던 그와 같은 변화에 의한 진행과정은 이즈티하드(ijtihad)로서 알려져 있고 이것은 진보주의 무슬림들과 이슬람주의자들 양측이 그들 각자의 지시 가운데 이슬람을 개혁하려고 찾고 있는 대로 행하려고 주장하는 것이다…그러나 대다수 무슬림 중에도 전통적인 판결들에 어떠한 변경들을 만드는 것에 대한 엄청난 두려움이 있는 이들도 있는데 그들에게는 이러한 변경이 불경이나 배교로 생각되기 때문이다." Ibid., p. 14. 그리스도인이 이슬람을 바꾸거나 조절한다는 것은 사실상 불가능하다는 얘기이다.
103) Ibid., p. 13.
104) Ibid., p. 91. 무슬림과의 관계형성과 긍정적인 접근을 우드베리 교수가 여러 학자들의 글을 모아 책으로 편집하였는데 이 글들은 1987년에 네덜란드에서 모이는 로잔 회의(Lausanne Conference on World Evangelization in the Netherlands)를 위해 준비된 것이다. Dudley Woodberry, ed. *Muslims and Christian on the Emmaus Road* (Monrovia, CA: Marc, 1989), p. 392를 보라. 이슬람학, 선교학, 문화인류학, 신학, 교육학 전도학, 선교행정 등의 분야에 전문가들이 발표하여 그리스도인의 믿음을 무슬림들과 나누고자 이슬람과 무슬림 행위의 성실의 도전에 대해 다룸. 무슬림의 동향과 민속 이슬람, 도시화, 가난한 자 가운데서 전인적 사역, 복음의 재고, 계시하신 하나님, 인간의 상태, 그리스도와 관련된 문화적인 주제들, 예배

가운데 그리스도의 이름들, 상황화된 형태와 예배의 적용, 개종 가운데 사회적이고 신학적인 변화들, 치유의 실제, 기도 등을 다뤘다.
105) The Missionary Training Service, *Evangelizing Muslims: Helps for beginning house churches*. Book 9 of the Missionary Training Series (Shropshire, U.K.: The Missionary Training Service, 2002), pp. 23-24.
106) "Understanding Muslims," p. 11.
107) Ibid., p. 13.
108) Jesudason Baskar Jeyaraj, *Christian Ministry: Models of Ministry and Training* (Bangalore: Theological Book Trust, 2002), p. 163. 제야라즈 박사는 인도 뱅갈로르(Bangalore)의 Research at ACTS Academy of Higher Education 의 대표로 섬기고 있다.
109) Cape Town 2010 Commemorative Newspaper - Cape Town 2010 News and Insights from The Third Lausanne Congress on World Evangelization, p. 16.
110) Kwashi, "Bearing Witness to the Love of Christ with People of Other Faiths," p. 2. Cape Town 2010 Advance Paper.
111) Rebecca Manley Pippert & Bishop Benjamin A. Kwashi, "A Fresh Approach To Witness For The 21st Century: A Global Perspective," pp. 3-4. Cape Town 2010 Advance Paper.
112) 복음의 상황화의 정도에 있어서 이 다양성은 계속 진행되고 있는 토의, 논쟁 그리고 신학적 고찰의 영역이다.
113) Rafique Uddin, "Contextualized Worship and Witness," in Dudley Woodberry, ed. *Muslims and Christian on the Emmaus Road* (Monrovia, CA: MARC, 1989), p. 269.
114) Messianic이란 용어는 예수를 구세주로 여긴다는 의미이다.
115) 푸아드 아카드(Fouad Accad)는 그의 책 1장 "무슬림들 가운데 새로운 결실"에서 말하기를, "오늘날 그리스도인들"(이 용어는 무슬림들에게 정치적인 의미를 내포한다)이 되었다고 여기지 않는 무슬림 땅에 있는 그리스도를 신뢰하는 무슬림들이 있는데, 그들은 진정으로 무슬림(Muslim이란 단어는 "하나님께 항복한"이란 의미)이 된 것으로 그들 스스로를 본다. 그리스도 안의 이 새로운 신자들은 그들의 무슬림 친구들과 성경을 읽고 있고, 어느 누구도 그들의 가정과 공동체에서 그들을 몰아내지 않는데 이는 그들이 배반자(traitors)로 보이지 않기 때문이다." Fouad Elias Accad, 『기독교와 이슬람 다리놓기』(대장간) *Building Bridges: Christianity and Islam* (Colorado Springs, CO: NavPress, 1997), p. 8.
116) *EMQ* 1998:407f, pp. 407-08; 411-15. 트래비스에 의하면, C6는 "비밀/지하의 신자들로 구성된 그리스도를 중심으로 하는 작은 공동체들"을 나타내는 반면에 C1과 C2는 무슬림 세계에서 발견된 전통적인 교회들의 변형들을 나타낸다. C3는 "내부자(즉, 무슬림) 언어와 종교적으로 중립적인 내부자의 문화적 형식들을 사용하는 그리스도를 중심으로 하는 상황화된 공동체들"(자기 정체성: "그리스도인들"), C4는

"내부자 언어와 성경적으로 허용할 수 있는 문화적이고 이슬람적인 형식들을 사용하는 그리스도를 중심으로 하는 상황화된 공동체들"(자기 정체성: '이사 메시아를 따르는 자들,' 혹은 그와 같은), C5는 "예수를 주와 구세주로 받아들인 사람들인 그리스도를 중심으로 하는 '메시아닉 무슬림'(Messianic Muslims)의 공동체들"(자기 정체성: 이사 메시아를 따르는 무슬림들)이다.

117) Muslim Background Believers
118) John Travis가 분류한 C1 to C6 스펙트럼은 Ralph D. Winter, ed. 『퍼스펙티브스』(예수전도단) Perspectives on the World Christian Movement: A Reader [Third Edition] (Pasadena, California: William Carey Library, 1999), p. 658을 보라. 트래비스가 내세운 이론인 C1-C6 스펙트럼은 무슬림 세계에서 발견된 그리스도를 믿는 신자들에 속하는 그룹들(그는 이를 "그리스도를 중심으로 한 커뮤니티들"이라 부름)의 유형들을 비교하고 대조한다. 이 여섯 유형은 언어, 문화, 예배형태, 다른 사람들과 예배하는 자유의 정도, 종교적 정체성으로 분화되었는데 모두 예수를 주님으로서 예배하며 그룹에서 그룹으로 복음의 핵심 요소들이 똑같다. 그는 ethnicity, history, traditions, language, culture, theology의 면에서 무슬림 세계를 통하여 존재하는 엄청난 다양성에 역점을 두어 다룬다. 이 스펙트럼의 목적은 그리스도를 중심으로 한 공동체들의 유형이 대상 그룹에서 대부분 사람들을 그리스도께 인도하여 주어진 상황에 가장 잘 맞게 하려는 것이다.
119) Joseph Cumming, "Muslim Followers of Jesus?," Cape Town 2010 Advance Paper, http://conversation.lausanne.org/en/conversations/detail/11298
120) Phil Parshall, "Going Too Far?," in Ralph D. Winter, ed. 『퍼스펙티브스』(예수전도단) Perspectives on the World Christian Movement: A Reader [Third Edition] (Pasadena, California: William Carey Library, 1999), p. 656.
121) Ibid., pp. 655-56.
122) Ibid., p. 657. 이이 대해 아카드(Accad)의 경우는 말하기를, "한 중동 국가에서 30-35명의 무슬림이 8년의 기간을 그들의 이슬람 공동체의 무리에 남아있으면서 그리스도를 그들의 구속자와 중보자로서 믿었다. 사실 우리는 이 책에서 설명된 방식으로 접근되어진 무슬림들의 60퍼센트가 그들의 신뢰를 그리스도께 두었다는 것을 발견하였다. 그리고 행하는 모두가 그들 자신의 공동체들의 혐오를 받지 않고 그렇게 하였다." -Accad, 『이슬람과 기독교 다리짓기』(대장간) Building Bridges, p. 10.
123) Parshall, Beyond the Mosque: Christians Within Muslim Community (Grand Rapids: Baker Book House, 1985), p. 184.
124) 쉴로르프(Schlorff)는 1959-1995년까지 Arab World Ministries(AWM) 선교사로 북아프리카, 프랑스, 미국에서 36년간 섬겼으며 1978-1995년까지 AWM 선교학자로 섬겼다. 그의 상황화에 대한 신학적 해석에 대해서는 그의 저작인 Missiological Models in Ministry to Muslims, 202 p.를 참고하라.
125) EMQ 1998:407f, p. 414.

126) Sam Schlorff, *Missiological Models in Ministry to Muslims*, p. 87.
127) Parshall, 『무슬림 전도의 새로운 방향』(예루살렘) *New Paths in Muslim Evangelism: Evangelical Approaches to Contextualization* (Grand Rapids: Baker Book House, 1980), p. 59.
128) John Travis, "Must all Muslims Leave 'Islam' to Follow Jesus?," in Ralph D. Winter, ed. 『퍼스펙티브스』(예수전도단) *Perspectives on the World Christian Movement*, p. 662.
129) Ibid., p. 662.
130) Ibid.
131) Ibid., p. 663.
132) 인도 서부 벵골(Bengal) 주(州)의 자치도시
133) Dean S. Gilliland, "Context is Critical: A response to Phil Parshall's 'Going Too Far,'" in Ralph D. Winter, ed. 『퍼스펙티브스』(예수전도단) *Perspectives on the World Christian Movement*, p. 665.
134) Ibid.
135) Schlorff, *Missiological Models in Ministry to Muslims*, 202 p.
136) 소비 말렉(Sobhi Malek)은 말한다. "하나님은 무슬림들이 다른 문화로 개종하는 것 없이 그들을 만나기를 바라신다. 그분은 더 효과적으로 그분의 진리들을 전달하도록 하나의 전달수단으로서 그들 자신의 문화적 특질들을 사용하기를 원하신다. 무슬림들은 주님을 받아들이고 그들의 예수 그리스도께 대한 전적인 충성을 할 수 있고 진짜로 그리스도인이 되고 그럼에도, 그들의 이슬람 문화를 존속할 수 있다. 무슬림들이 더 많이 믿음 안에서 그리스도께 돌아오는 대로 하나님은 오늘날 이 강조들을 축복하고 계신다." -Sobhi Malek, "Through Contextualized Forms," Rafique Uddin, "Contextualized Worship and Witness," in Dudley Woodberry, ed. *Muslims and Christian on the Emmaus Road* (Monrovia, CA: MARC, 1989), p. 213.
137) "Hidden and Forgotten People," pp. 26-27.
138) Ibid.
139) Ibid.
140) SIM, "A Discussion of Contextualization Issues for SIM Personnel Working Among Muslim Peoples," pp. 1-2, Contextualization paper April, 2008. 이 상황화에 대한 토의에서 거론된 무슬림 사람들 가운데 개인적인 사역에서의 상황은 모든 인간을 둘러싼 독특하고 완전한 사회-문화적인 환경이라고 보았다. 그것은 문화, 종교 및 신학적 배경, 경제적, 사회적, 교육적인 배경, 성, 역사적인 시기, 그리고 각 개인의 자기만의 환경들을 포함한다. 상황은 매우 광범위(예를 들어 "아프리카"의 상황)할 수 있으나 특별한 어떤 수준(에티오피아, 에티오피아 소말리인, 에티오피아 유목민 소말리인)으로 좁게 잡아서 각 개인의 상황(예를 들어 특별한 에티오피아인, 소말리인, 유목민 여인)을 말할 수도 있다. 상황화는 개인의 살아있는 믿음

의 모든 면을 논한다. 공식적 신학과 믿음의 고백, 윤리들, 예배와 음악과 같은 의식들, 지도의 방법들, 언어와 번역, 그리고 외향적인 종교적 상징들을 다룬다(예를 들어 교회건축, 십자가를 걸치는 것). 상황화는 그들의 세계관의 모든 방식을 꿰뚫으면서 신자들의 외향적인 행위들과 상징들 보다 더 깊이 들어가야 한다고 보는 것이다.

141) Ibid., p. 7.
142) Ibid., p. 6.
143) Kwashi, "Bearing Witness to the Love of Christ," p. 2.
144) "The Church and Other Faiths," http://www.lausanne.org/news-releases/the-church-and-other-faiths.html
145) Kwashi, "Bearing Witness to the Love of Christ," p. 3.
146) Ibid.
147) "Understanding Muslims," p. 11.
148) Ibid., pp. 12-13.
149) Ibid., p. 10.
150) Ibid., p. 11.
151) "Hidden and Forgotten People," pp. 26-27.
152) Eshleman, "World Evangelization in the 21th Century," p. 7.
153) Lyle Vander Werff, "Christian Witness to Our Muslim Friends," *International Journal of Frontier Missions*, Vol 13:3 July-September, 1996, p. 116.
154) 이 중에 북아프리카를 제외한 사하라 이남 아프리카의 무슬림 비율은 29.6%이다. Pew Research Center's Forum on Religion & Public Life, "The Future of the Global Muslim Population," January, 2011. http://pewforum.org/The-Future-of-the-Global-Muslim-Population.aspx
155) 남아프리카의 무슬림은 복음을 전혀 들어보지 못한 미전도 종족과 다르다. 이들은 기독교 배경으로 복음을 접해본 경우가 대부분이다.
156) 오늘날 아프리카에서 기독교의 현존에 관한 회고는 아프리칸 이슬람과의 관여(engagement)에 대한 이해 없이는 충분하지 않다. 아주마(Azumah)는 아래 저작을 통해 이슬람이 사하라 이남을 통하여 어떻게 퍼졌는지를 보여준다. 대화 가능성을 두는 접근은 그에게 애매한 것이 아니다. 그는 분명히 무슬림과 서양의 학자들 의한 시도들(아프리카에서 이슬람의 현존의 문제가 되는 것들을 이해하고자 하는)을 바로 잡기를 원한다. 예를 들어, 그는 주목하기를, 아프리카에 팽창하는 이슬람은 바꾸어 놓기 보다는 전통적인 종교에 순응하는 특색들을 자주 갖는다. 그는 오해를 없애고 좋은 관계 증진을 위한 아프리카에서의 무슬림들과 그리스도인들 간의 신선한 대화를 요청한다. John A. Azumah, *The Legacy of Arab-Islam in Africa: A Quest for Inter-religious Dialogue* (Oxford: Oneworld Publications, 2001), 264 p.를 보라.

157) Munetsi Ruzivo, "Evangelical Christian – Muslim Relations in Zimbabwe," *Interreligious Insight*, V6 N1 January, 2008, pp. 35-36.

158) Parshall, "Going Too Far?," p. 658.

159) 전인적인 사역의 면에서 무슬림 복음화 사역은 여러 훈련과 교육을 포함하고, 공동체 개발, 거리의 아이들, 마약 중독과 같은 문제들을 해결하기 위한 공동체 조성(무슬림들과도 함께 벌이는)을 포함할 수 있다.

160) "A Common Word Between Us and You," http://www.acommonword.com 을 참고하라. 두 믿음 간의 중심적인 가르침에서 유일신의 사랑과 이웃에 대한 사랑이 2007년 10월 13일 이슬람학자들 138명이 베네딕트 16세 교황에게 보내온 서신 "공통의 말씀"(*A Common Word Between Us and You*)에서 논의되었는데 이 무슬림 지도자들은 적어도 다음과 같은 두 가지 이유를 가지고 움직였다. 1) 무슬림들은 믿기를, 세계의 무슬림들이 잘못 인식되고 있다고 보고 이슬람 극단주의를 반대하며 기독교 측에서 전 세계 무슬림들의 입장을 충분히 반영하지 않고 무슬림들을 보는 것에 대해 부인하고자 한 것이다. 2) 무슬림들은 2006년 베네딕토 교황의 중세 기독교 황제의 칙령을 언급한 교황의 연설 내용에 대해 괴로움을 겪으며 진실을 밝히고자 하였는데 그 내용인즉 무함마드는 "악하고 무자비하며…칼로써 그의 믿음을 퍼뜨리는 것에 대한 신념을…"에 대한 응답으로 38인의 무슬림 학자와 성직자는 교황의 강연 내용의 잘못들과 오해들을 지적하고자 하였다.

161) 남아프리카공화국에는 네덜란드 사람이 Cape of Good Hope에 기지를 세운 후 15년이 막 지나서 1667년에 첫 무슬림들이 그곳에 정착했다. 그들은 네덜란드 아시안 거류민 출신으로 정치적인 추방자이든, 노예들이든 죄수들이든 혹은 탈주자이든 19세기까지 끊임없이 들어왔다. 대부분은 동인도제도에서 왔고 일부는 동부 아프리카와 인도에서 왔다. 이 기간 동안 이 지역들은 수피즘과 수피 공동체의 영향을 강하게 받고 있었다. 샤리아는 믿음의 외면의 표시였고 수피 타리까(tariqah)는 내면의 표시였는데 이 둘이 동떨어지지 않고 통합된 방식으로 함께 존재해왔다. "Manifestations of Sufism in South Africa," p. 3, *Islamic Focus*, Issue 11 September, 2007.

162) 타리끄 라마단(Tariq Ramadaan)은 Time Magazine에 세계의 가장 영향력 있는 사람 100명 중의 한 사람으로서 나열되어 있다. 현재 그는 브뤼셀(Brussels)에 있는 European think tank: European Muslim Network (EMN) 의 의장이다. 그는 학술적이고 일반대중 수준 둘 다에 활동적이며, 권력이 없고 무시 받는 공동체들을 섬기는 데에 문명화와 행동주의 간의 대화와 사회정의에 관해 세계 전역에 걸쳐서 광범위하게 강의하고 있다.

163) Shabnam Palesa Mohamed, "Living as a Muslim Minority in South Africa," p. 5. *Islamic Focus*, Issue 11 September, 2007.

164) Ibid.

165) Ibid.

166) Ibid.

167) Khaled Diab, "A Christian Jihad?," p. 9, *Islamic Focus*, Issue 11 September, 2007.
168) 집단 거주지역법(Group Areas Act, Act No. 41 of 1950)은 1950년 4월 27일 남아공의 인종분리정책정부(apartheid government) 치하에서 창안된 의회의 법령이었다. 이 법령은 인종그룹별로 도시의 인종분리정책 시스템 가운데 도시 지역에서 다른 거주지와 상업 구획을 지정하였다. 법의 효력은 백인들에게 한정된 가장 발달된 지역들(예를 들어 Sea Point)에서 비백인들이 살지 못하도록 몰아냈다. 이 법령은 다음과 같다. "Forced physical separation between races by creating different residential areas for different races. Led to forced removals of people living in "wrong" areas, for example Coloureds living in District Six in Cape Town."(Group Areas Act, Act No 41 of 1950). "Apartheid Legislation in South Africa," http://africanhistory.about.com/library/bl/blsalaws.htm
169) Allan Boesak, "'Standing by God in his hour of grieving' – Christians and Muslims living together in South Africa: Theology, history and philosophy of life," p. 114, *Missionalia* Vol. 34, No. 1, April, 2006.
170) Ibid., p. 115.
171) 이 부분에서 무슬림의 마음을 이해하는 것이 우선적으로 중요하다. 무슬림들이 생각하고 느끼는 방식을 고려하고 그들의 문화에 친근한 방식을 사용하여 성경의 진리를 전하는 것이 중요한데 이것이 없이는 그들의 마음을 끌어당기기가 어렵다. 무슬림의 중심부 마음을 다각도로 이해하고 그리스도의 사랑으로 접근하도록 돕기 위해 가장 기본적이고도 중요하게 부각되는 골자들을 다룬 책으로 에드워드 호스킨스, 『무슬림의 마음』, (전병희 역, 대장간, 2010)을 참고하라. 호스킨스 박사는 무슬림의 세계관과 관계상의 중요한 것들, 그리고 복음 전달을 위한 여섯 가지 열쇠로 기도, 우정 발전시키기, 성경을 문화적으로 연계시키기, 무슬림 문화를 통해 다리 잇기, 영의 구애, 내부자 접근을 다루었다.
172) 케이프타운 서약(The Cape Town Commitment)의 III. 다른 믿음들의 사람들 가운데서 그리스도의 사랑을 살아가기-1. B)항 '네 자신과 같이 너의 이웃을 사랑하라' 는 다른 믿음들에 속한 사람들을 포함한다.
173) 케이프타운 서약
174) Ibid.
175) Ibid.
176) Ibid.
177) Ibid.
178) Ibid.
179) Ibid.
180) "Effective Theological Education for World Evangelization," p. 46.
181) Ibid.
182) Ibid., p. 15.

183) 황의영, 『SBM 오늘의 교회진단과 처방 −시대적 과업을 위한 목회혁신 전략』(도서출판 CLI, 2009), pp. 17-25. 기독교생활개혁운동(SON BAL Movement)은 로잔 운동의 정신과 같이 성경에 철저히 근거하고 하나님의 뜻과 절대주권에 초점을 맞춰 오늘의 교회가 가야 할 이상적인 방향을 제시하고 있다. 이 운동에서 개혁의 일차적인 대상이 무엇보다 먼저 나 자신이다. 더 나아가서는 하나님의 뜻을 성실히 준행하는 개혁의 주체가 되어 리더십을 발휘하는 것을 목표로 한다.
184) 케이프타운 서약
185) "Effective Theological Education for World Evangelization," pp. 26-27.
186) Ibid., pp. 42-44.
187) Walter Eric, Debate and Dialogue – do they ever meet? "Exploring ways of effective witness to Muslims," SIM Consultation, September, 2005, p. 2. (Johnson Mbillah & John Chesworth, edit., *From the Cross to the Crescent*, A Procmura Occasional Paper, Vol. 1, No. 1, January, 2004에서 재인용).
188) David Hartono, "Mission from Two-Third World to Post-Christianity," *Asian Missiology*, Vol. 1/No.1 (2007), pp. 5-6.
189) 신격의 일치(Unity of the Godhead)
190) Chawkat Georges Moucarry, *Faith to faith: Christianity & Islam in dialogue* (Leicester: Inter-Varsity Press, 2001), p. 84.
191) 여호와(Jehovah; 출3:1-6, 13-15; 시72:17-19)는 신약에서도 나타난다. 계1:8, 17; 그리고 'I am'(요8:24, 58; 10:30, 33; 빌2:5-11).
192) 꾸란의 일부 절들(2:222; 3:76, 134, 146, 159; 5:13, 14, 45; 8:66; 9:108; 19:96; 49:9; 61:4)은 바람직하고 찬양할 만한 인물들의 행위들에 관한 아이디어를 제공한다. Masudul Hassan, *The Digest of the Holy Qur'an* (New Delhi: Kitab Bhavan, 1992), pp. 204-05쪽을 보라.
193) Sachiko Murata & William C. Chittick, *The Vision of Islam* (St. Paul, Minnesota: Paragon House, 1994), pp. 286-88.
194) Jacques Jomier, *How to Understand Islam* (New York: Crossroad, 1989), pp. 92-93.
195) 비고: 하나님의 특성에 대하여 레위기 19:2, "하나님은 거룩하시다(Pure)"; 그분은 죄를 미워하신다. 그분은 빛이시다(요일1:5-7); 요한일서 4:8, "하나님은 사랑이시다"; 인자하심(unfailing love, 시51:1); 디모데전서 2:4, "하나님은 모든 인간이 구원받고 진리를 아는데 이르기를 원하신다"; 로마서 9:16, "오직 긍휼히 여기시는 하나님으로 말미암음이다." 예를 들어 광야의 이스라엘 백성(민16); 신명기 4:31, "자비하신 하나님은 너를 버리지 아니하시며... 네 열조에게 맹세하신 언약을 잊지 아니하시리라"; 요나 4:2, "Gracious, Compassionate, slow to anger and abounding in love." 반면에 이슬람에서는 평화가 무슬림들이 알라의 뜻에 복종할 때에만 경험되어질 수 있는 것이다. 하지만 성경의 하나님의 사랑은 그리스도의 십자가상에서 하나님의 거룩성과 의 그리고 그분의 사랑이 함께 뭉친다. 예수 안에서 무슬림

은 하나님에 의해 죄사함 받을 수 있고 개인적으로 하나님을 알게 될 수 있다는 결론에 이른다.

196) Seyyed Hossein Nasr, *The Heart of Islam: Enduring Values for Humanity* (NY: Harper San Francisco, 2002), p. 209.

197) 비고: 예레미야 31:3, "I have loved you with an everlasting love." 요한복음 4:10, "This is love: not that we loved God, but that He loved us and sent His Son as an atoning sacrifice for our sins." 예수께서 누가복음 6:32에 말씀하시기를, "But if you love those who love you, what credit is that to you? For even sinners love those who love them." 하나님이 그분을 사랑하고 선을 행하고 순결한 자들만 사랑하신다면 이 사랑은 인간의 사랑보다 나을 것이 없다. 인간도 사랑하고 사람들에게 감사를 표하지 않는가. 그러나 외양을 넘어서는 사랑은 사랑할 만한 자들만 사랑하는 것이 아니라 가장 악하고 반역적인 자들까지 얻기 위해 찾는데 이는 사랑이신 그 유일하신 하나님 그분의 증거에서 보인다.

198) 라마단의 금식을 깨뜨리는 축제

199) 독일 레겐스부르크대학 강연(http://www.ewtn.com/library/papaldoc/b16bavaria11.htm)에서 교황은 "하나님은 폭력 등 모든 비합리적인 것을 거부하시는 분이시다... 종교에 있어 폭력적 요소가 문제되는데, 종교를 전파함에 있어 폭력으로 상대를 강제로 믿게 한다든지 자기 종교로 개종하게 하려한다든지 하는 것은 참다운 믿음 행위라 할 수 없다."라고 하며 폭력은 하나님의 본질과 맞지 않는 것이라고 하였다. 교황은 14세기 비잔틴 황제가 기독교와 이슬람의 진리를 놓고 나눈 대화 내용 중 페르시아의 지식인에게 "무함마드가 가져온 새로운 게 무엇인지를 나에게 보여 달라. 당신은 무함마드에게서 자신의 신념을 칼로써 전파하도록 명령을 내리는 등 사악하고 비인간적인 것들만을 발견하게 될 것이다"("Show me just what Mohammed brought that was new, and there you will find things only evil and inhuman, such as his command to spread by the sword the faith he preached.")고 말했다. 이에 대해 이슬람측은 교황이 "이슬람은 악"이라고 하였다며 이를 비판하였다.

200) 공개서한과 같이 이 메시지의 서명자들도 이슬람의 각 교단과 사상의 학교에서 왔다. 세계에서 모든 주요 이슬람 국가나 지역의 무슬림들이 이 메시지에 나타나는데 세계 교회 지도자들과 모든 곳에 있는 그리스도인들에게 이 편지가 보내졌다. "A Common Word"의 전체 글과 서명자들의 리스트는 http://www.acommonword.com을 참고하라.

201) Muhammad Muhsin Khan, *The Translation of the Meanings of Sahih Al-Bukhari* [Arabic-English] Vol. 7 (Lahore: Kazi, 1979), p. 114.

202) Hadith Sahih Muslim, Bk 1, Number 0072.

203) Hadith Sahih Muslim, Bk 5, Number 2132-33. Nick Gier, "Muslim Challenge Spurs Inter-Faith Dialogue," p. 1. www.tomandrodna.com/Nick_Gier/111908_CommonWord.pdf

204) [부록]의 1948년 12월 10일에 유엔총회(General Assembly of the United Nations)에서 채택되고 선포된 세계 인권 선언문과 1990년 7월 31일-8월 5일에 이집트 카이로에서 개최된 외무 장관들의 19번째 이슬람회의(평화, 상호 의존 그리고 발전)에서 나온 이슬람의 카이로 인권 선언문을 비교해 보라.
205) www.acommonword.com/lib/downloads/fullpageadbold18.pdf 이 응답은 전 세계에서 300인 기독교 지도자들이 서명한 것이다. 예일의 응답은 130인의 기독교 지도자 및 학자들의 서명으로 2007년 11월 13일자로 뉴욕타임즈에 게시되어 출판되었고, 2008년 7월 24-31일에는 Yale Center for Faith and Culture의 화해 프로그램은 예일대학교에서 이 대화를 주도하였다.
206) http://www.yale.edu/faith/acw/acw.htm
207) Gier, "Muslim Challenge Spurs Inter-Faith Dialogue," p. 2.
208) Rick Love, "Dialogue without Compromise: Report on the Common Word Workshop and Conference," Thy Kingdom Come: Proceedings of the 2008 ISFM Conference, *International Journal of Frontier Missiology*, 25:4 Winter 2008, p. 184.
209) 원래 수피의 기원은 무함마드 사후에 그의 계승자에 의해 시작되었는데 초기 무슬림 수도자들(ascetics)은 양털외투(suf)를 걸쳤다. 이들은 신과 더 가까워지기 위해 거대한 공동체(ummah)에서 스스로 떠난 방랑하는 신비주의자들이었다.
210) 와하비즘은 수니(Sunni)파의 급진세력으로 꾸란의 해석과 이슬람법을 문자 그대로 엄격히 지키며 관습(Sunnah 혹은 무함마드의 전통집)을 꾸란의 해설로 여겼다.
211) 일종의 정치적인 이데올로기로 '정치적인 이슬람'(political Islam)이라고 불리는데 주로 정치적인 목적을 위해 종교를 해석하고 이용한다. 이 이슬람주의는 내세보다는 이 세상의 삶에 집착한다.
212) 릭 러브는 그가 생각해온 것을 확인할 만한 다음의 책을 읽고 있다. Stephen Schwartz, *The Other Islam: Sufism and the Road to Global Harmony* (New York: Doubleday Religion, 2008), 288 p.
213) 알 쿠샤이리(al-Qushayri)는 *mahabbah*란 단어가 '인간을 향한 하나님의 사랑의 결과' 라고 정의한다. Al-Qushayri, *Principles of Sufism*, tr. Barbara Von Schlegell (Kuala Lumpur: 2004), p. 163.
214) A.H.는 히즈라-622년 메카에서 메디나로 무함마드의 이주-이후(after Hijrah)를 말함.
215) Al-Qushayri, *Principles of Sufism*, p. 163.
216) Reynold A. Nicholson, *Studies in Islamic Mysticism* (Cambridge: Cambridge University Press, 1921), p. 80. 알 질리(al-Jili)에 의한 똑같은 생각의 일원론적인 표현(꾸란 1:51, "비록 우리가 두 육체 안에 차례로 머문다 해도 우리는 한 분의 영이다")과 대조된다. 이와 같이 또한 루미(Jalal al-Din al-Rumi, d. 672/1273, *Diwani Shamsi Tabriz*, p. 153)는 말하기를, "우리가 그 궁전에 앉는 순간에 행복하다. 당신과 나 이렇게 두 형태를 지닌 두 모습들이나 하나의 영혼이다. 당신과 나

로서 말이다." 비고: 꾸란 11:121.
217) Murata & Chittick, *The Vision of Islam*, p. 309.
218) 보수적인 무아타질라 학파(Mu'tazilites)는 알라의 사랑을 그의 뜻 혹은 은혜 베품 (benefaction)과 동일시한다. 알라의 사랑과 만족은 그의 은혜 베품을 의미한다. '알라가 인간을 사랑한다'는 의미는 알라가 인간에게 호의(favour)를 부여하는 것을 뜻한다. 그리고 인간의 알라에 대한 사랑은 알라께 복종을 통하여 표현된다. 알라는 사랑의 대상이 될 수 없다고 보는 것이다(Joseph Norment Bell, *Love Theory in Later Hanbalite Islam* (Albany: State University of New York Press, 1979), p. 59 참조).
219) Gier, "Muslim Challenge Spurs Inter-Faith Dialogue," p. 3.
220) A.H. 8년에 무함마드가 포위한 한 타운의 이름.
221) Gier, "Muslim Challenge Spurs Inter-Faith Dialogue," p. 3.
222) 무함마드가 말하고 행한 것, 혹은 무함마드의 전통의 수집인데 이 하디스는 꾸란을 올바르게 해석하고 무함마드의 말과 행동을 그대로 따를 수 있도록 하고자 함에 있다.
223) http://acommonword.blogspot.com/2008/02/reflections-upon-loving-god-and.html#sdfootnote1sym
224) Mark Durie, "Reflections upon 'Loving God and Neighbor Together'": The Yale Response to A Common Word Between Us and You. February, 2008, http://acommonword.blogspot.com/2008/02/reflections-upon-loving-god-and.html
225) http://quranandinjil.org/commonword_files/PresentationAARNov08.pdf. Presentation at the American Academyof Religion meetings, Chicago, 3 November, 2008, p. 6. 무슬림의 해석은 일반적으로 꾸란 3:55에서 예수의 죽음을 부인하는 것으로, 꾸란 3:59에서는 예수의 신성을 부인하는 것으로 이해한다. 꾸란 3:60-63에서는 위의 두 가지 부인한 사실을 주장하는 것으로 보이며 이러한 '지식'(3:61)을 받아들이지 않는 자들에게 도전하는 절들이다. 이렇게 신학적인 쟁점들이 사실과 근거가 한정된 채로 설정되었다.
226) 비고: 요일4:20, "누구든지 하나님을 사랑하노라 하고 그 형제를 미워하면 이는 거짓말하는 자니 보는 바 그 형제를 사랑치 아니하는 자가 보지 못하는 바 하나님을 사랑할 수가 없느니라."
227) Sahih Muslim (d. 261/875)은 Sahih al Bukhari (d. 256/870) 다음으로 신뢰성이 있는 하디스 전집으로 12,000 하디스(4,000 재설)를 포함한다.
228) Qudsi는 '거룩한' 혹은 '순수한'의 의미이다. Hadith Qudsi는 예언자 무함마드가 알라가 말씀하거나 행하신 것을 사람들에게 연관시킨 것인데 이 정보는 꾸란의 부분이 아니다. 그리고 이 꾸드시는 천사 지브라일로 부터가 아니라 다른 방도, 예를 들어 꿈에서 무함마드가 영감받은 것이다.
229) Oddbjørn Leirvik, "A relational theology in dialogue with Islam" (p. 3),

Panel contribution, Intra-Christian consultation on Christian Self-Understanding in Relation to Islam, World Council of Churches, Chavannes de Bogis, 20 October, 2008. http://folk.uio.no/leirvik/tekster/Leirvik_RelationalTheology_okt08-2.pdf

230) Ibid.
231) Warren F. Larson, "Critical Contextualization and Muslim Conversion," p. 190. www.ijfm.org/PDFs_IJFM/13_4_PDFs/04_Larson.pdf
232) Bosch, 『변화하고 있는 선교』(기독교문서선교회) Transforming Mission, p. 484.
233) 문자적 의미는 '초청'(call), '기원'(invocation)이다.
234) Seyyed Hossein Nasr, WE AND YOU Let us meet in God's love (pp. 2-3), 4-6 November, 2008, "Love of God, Love of Neighbour" 1st Catholic-Muslim Forum Conference, Vatican City. http://acommonword.com/en/attachments/107_Nasr-speech-to-Pope.pdf
235) Hadith Sahih Muslim, 67-1, Hadith no. 45.
236) BWA response to A Common Word.pdf, p. 3. http://www.bwanet.org/default.aspx?pid=979
237) Hadith Sahih Muslim, Bk 1, Number 0072.
238) M. Amin Abdullah, "Muslim-Christian Relations: Reinventing the Common Ground to sustain a peaceful coexistence in the Global Era," State Islamic University Yogyakarta Indonesia, p. 3. A draft of paper presented in the International Seminar on "The Vision of Fethullah Gulen and Muslim-Christian Relations," St. Patrick's Campus, Australian Catholic University, Melbourne, Australia, 15-16 July, 2009.
239) Ibid., p. 5.
240) Ibid., p. 6.
241) Love, "Dialogue without Compromise," p. 184.
242) 대부분 무슬림들은 생각하기를, 그들이 종교들 간의 대화를 가능하면 더 가지기를 원하며 그리스도인들과 더 나은 관계들을 원하지만, 대부분 그리스도인들은 무슬림들이 다른 종교들과 대화를 꺼려하고 그리스도인들과 그렇게 더 나은 관계도 원하지 않는다고만 생각한다는 것이다.
243) Sohail Nakhooda, "The Significance of the Amman Message and the Common Word," p. 12, Editor-in-Chief, Islamica Magazine; Official Archivist, A Common Word Initiative. At a lecture given in Amman on 30 December, 2008 at the 4th Annual Ambassadors' Forum organized by the Jordanian Foreign Ministry, Sohail Nakhooda discusses the importance and key achievements of two initiatives that are redefining intra-Muslim unity and interfaith relations. http://www.acommonword.com/The-Significance-

of-the-Amman-Message-and-the-Common-Word.pdf
244) Durie, "Reflections upon 'Loving God and Neighbor Together.'"
245) Love, "Dialogue without Compromise," p. 184.
246) Ghazi bin Muhammad, "A Common Word Between Us and You": Theological Motives and Expectations, Eugen Biser Award Ceremony Speech, 22 November, 2008, p. 7. http://www.eugen-biser-stiftung.de/fileadmin/user_upload/Eugen-Biser-Preis/EB_Preis_2008/09_Ghazi_EB-Prize_engl.pdf
247) Ibid., p. 8.
248) Ibid., p. 9.
249) Durie, "Reflections upon 'Loving God and Neighbor Together.'"
250) Woodberry, ed. *Muslims and Christians on the Emmaus Road* (California: MARC, 1989), p. 307.
251) Charles R. Marsh, *Share Your Faith with a Muslim* (Chicago: Moody Press, 1975), p. 93.
252) Gordon D. Nickel, *Peaceable Witness among Muslims* (Scottdale, PA: Herald Press, 1999), p. 68.
253) Ibid., p. 69. 물론 불경을 보이는 설득의 방도는 피해야 할 것이다. 우리는 복음 듣는 자들을 하나님의 이미지로 창조된 사람들로 여겨야 할 것이며 궁극적으로는 그들의 결정과 행동에 달려있다. 하나님의 성령이 홀로 확신과 뉘우침을 가져올 것이다. Roger S. Greenway, *Go and Make Disciples: An introduction to Christian missions* (Phillipsburg, New Jersey: P&R Publishing, 1999), p. 151 참조.
254) Martin Goldsmith, *What About Other Faiths? Is Jesus Christ the only way to God?* (London: Hodder & Stoughton, 1989), p. 139.
255) Ibid., p. 157.
256) Nickel, *Peaceable Witness Among Muslims*, p. 70. 예수가 십자가에서 죽지 않았다고 하는 이슬람의 교리에는 분명한 계획적인 의도가 있다. 사람들은 그리스도의 죽음과 부활의 역사적 사실을 절대적으로 확신하게 되어있다. 그리스도의 죽음과 부활의 중심 주제는 확신을 불어넣어 주는 증거들이 있는 사도행전을 통하여 제시된다. 사도행전 1:3, "해받으신 후에 또한 저희에게 확실한 많은 증거로 친히 사심을 나타내사 사십 일 동안 저희에게 보이시며 하나님 나라의 일을 말씀하시니라."
257) David J. Hesselgrave, 『선교 커뮤니케이션』(한국로고스연구원) *Communicating Christ Cross-Culturally: An introduction to missiology communication* (Grand Rapids, Michigan: Academie Books, 1978), p. 190.
258) Thomas Schirrmacher, *May a Christian Go to Court?* (Bonn: Culture and Science Publishers, 2008), p. 29.
259) Samuel Kobia, "WCC welcomes letter from Muslim leaders," http://www.acommonword.com/index.php?page=responses&item=13

260) Joseph L. Cumming, "The Principle of Love as the Key to Peacemaking in the Abrahamic Faiths and in the Teaching of Jesus," p. 2, presented at The Sixth Doha Conference on Interfaith Dialogue, 13-14 May, 2008. http://www.qatar-conferences.org/dialogue2008/english/speeches/joseph_en.pdf

261) Durie, "Reflections upon 'Loving God and Neighbor Together.'" 사실 이슬람의 다아와활동에서 가장 손쉬운 대상은 이미 하나님을 믿고 있는 사람들이다. 이슬람이 "공통의 말씀" 서신을 통하여 의도한 것은 위에서도 언급하였듯이 하나님과 이웃이란 공통주제를 통하여 그리스도인을 알라에게 초대(propagate를 목표로 한)하고자 한 것이다. 이 과정을 통해 곳곳에 이슬람의 메시지를 전하고, 교과서와 참고서, 매스미디어 등 이슬람에 대해 왜곡된 정보를 지우고, 한 목소리를 이루는 무슬림 커뮤니티의 번식과 확장을 꾀하고, 이를 위해 물적, 인적 자원을 배양하고 증진시키는 것이다.

262) BWA response to A Common Word.pdf, p. 2. http://www.bwanet.org/default.aspx?pid=979 무슬림은 기독교와 이슬람 간의 차이점들을 호소하며 그의 종교를 토의하려 할 것이다. 우리는 계속적으로 그에게 구세주가 필요함을 깨닫게 해주고 토의를 피하려고 노력하며 그의 지성 보다는 양심에 주로 호소하여야 한다. 그리고 우리의 믿음이 논리적임을 그에게 보여주어야 한다. 신학적인 문제가 거론되어야 하지만 우리의 주 호소는 마음과 양심에 두어야 한다(Marsh, *Share Your Faith with a Muslim*, p. 10 참조).

263) BWA response to A Common Word.pdf, p. 4.

참고문헌
bibliography

"A Common Word." www.acommonword.com/lib/downloads/ fullpageadbold18.pdf

"A Common Word Between Us and You," 13 October, 2007, http://www.acommonword.com

Abdullah, M. Amin. "Muslim-Christian Relations: Reinventing the Common Ground to sustain a peaceful coexistence in the Global Era," State Islamic University Yogyakarta Indonesia. A draft of paper presented in the International Seminar on "The Vision of Fethullah Gulen and Muslim-Christian Relations," St. Patrick's Campus, Australian Catholic University, Melbourne, Australia, pp. 3, 6. 15-16 July, 2009. http://www.intercultural.org.au/events_2009/Conference2009/gulen%20index/M.%20Amin%20Abdullah.pdf

Accad, Fouad Elias. 1997. *Building Bridges: Christianity and Islam*. Colorado Springs, CO: NavPress.

Ahmed, Zafaryab. "4. Maudoodi's Islamic State," in Khan, Asghar. ed. 1985. *Islam, Politics and the State: The Pakistan experience*. London: Zed Books, p. 101

Al-Attas, Syed Muhammad Naquib. 1993. *Islam and Secularism*. Kuala Lumpur: International Institute of Islamic Thought and Civilization.

Al-Hilali, Muhammad Taqi-ud-Din & Khan, Muhammad Muhsin. 1998. *The Noble Qur'an: English translation of the meanings and commentary*. Medina: King Fahd Complex.

Al-Qushayri, 2004. *Principles of Sufism*. Barbara Von Schlegell, tr. Kuala Lumpur.

Andrew, Brother & Becker, Verne. "The Muslim Challenge," *Christianity Today*. Carol Stream: 5 October, 1998. Vol. 42, Iss. 11, p. 57.

Ansari, Fazlur Rahman. 1999. *Islam to the Modern Mind: Lectures in South Africa 1970 & 1972*, edited by Mohamed, Yasien. Paarl, South Africa: Hidden Treasure Press.

Azumah, John A. 2001. *The Legacy of Arab-Islam in Africa: A Quest for Inter-religious Dialogue*. Oxford: Oneworld Publications.

Bell, Joseph Norment. 1979. *Love Theory in Later Hanbalite Islam*. Albany:

State University of New York Press.

Boesak, Allan. "'Standing by God in his hour of grieving' – Christians and Muslims living together in South Africa: Theology, history and philosophy of life," p. 114, *Missionalia* Vol. 34, No. 1, April, 2006.

Bosch, David J. 1996. *Transforming Mission: Paradigm Shifts in Theology of Mission*. Maryknoll: Orbis Books.

BWA response to A Common Word.pdf, p. 2-4. http://www.bwanet.org/default.aspx?pid=979

"Cairo Declaration on Human Rights in Islam," 1990, http://www1.umn.edu/humanrts/instree/cairodeclaration.html

"Cape Town 2010 Advance Papers," http://conversation.lausanne.org/en/advance_papers

Cape Town 2010 Commemorative Newspaper – Cape Town 2010 News and Insights from The Third Lausanne Congress on World Evangelization.

Cumming, Joseph L. "The Principle of Love as the Key to Peacemaking in the Abrahamic Faiths and in the Teaching of Jesus," p. 2, presented at The Sixth Doha Conference on Interfaith Dialogue, 13-14 May, 2008. http://www.qatar-conferences.org/dialogue2008/english/speeches/joseph_en.pdf

_____. "Muslim Followers of Jesus?," Cape Town 2010 Advance Paper, http://conversation.lausanne.org/en/conversations/detail/11298]

Davidson, Allan K. "From Edinburgh 1910 to Auckland 2010," p. 6, http://www.methodist.org.nz/files/docs/mission%20and%20ecum/allan%20davidson.pdf

Donohue, John J. & Esposito, John L. 2007. *Islam in Transition: Muslim Perspectives*. New York: Oxford University Press.

Durie, Mark. "Reflections upon 'Loving God and Neighbor Together'": The Yale Response to A Common Word Between Us and You. February, 2008, http://acommonword.blogspot.com/2008/02/reflections-upon-loving-god-and.html

"Effective Theological Education for World Evangelization," Lausanne Occasional Paper No. 57, produced at the 2004 Forum for World Evangelization in Pattaya, Thailand, 2004.

Eric, Walter. Debate and Dialogue – do they ever meet? "Exploring ways of effective witness to Muslims," SIM Consultation, September 2005, p. 2. (Johnson Mbillah & John Chesworth, ed. *From the Cross to the Crescent*. A Procmura Occasional Paper, Vol. 1, No. 1, January, 2004에서 재인용).

Eshleman, Paul. "World Evangelization in the 21th Century," 19p. Lausanne

Strategy Working Group, Cape Town 2010 -- Day 4 (22 October, 2010).
Forty Hadith Qudsi, Beirut, Damascus, 1980, No. 30. http://www.guidedways.com/qudsihadith.php?hadith=30
Ghazi, Abidullah. 1996. *Teachings of the Qur'an*. Volume Three. Chicago: IQRA International Educational Foundation.
Gier, Nick. "Muslim Challenge Spurs Inter-Faith Dialogue," pp. 1-3. www.tomandrodna.com/Nick_Gier/111908_CommonWord.pdf
Gilliland, Dean S. "Context is Critical: A response to Phil Parshall's 'Going Too Far,'" p. 665, in Winter, Ralph D. ed. 1999. *Perspectives on the World Christian Movement: A Reader* [Third Edition] Pasadena, California: William Carey Library.
Goldsmith, Martin. 1989. *What About Other Faiths? Is Jesus Christ the only way to God?* London: Hodder & Stoughton.
Greenway, Roger S. 1999. *Go and Make Disciples: An introduction to Christian missions*. Phillipsburg, New Jersey: P&R Publishing.
Hadith Sahih Muslim, 67-1, Hadith no. 45.
_____, Bk 1, Number 0072. http://www.iiu.edu.my/deed/hadith/muslim/001_smt.html
_____, Bk 5, Number 2132-33.
Hakim, Khalifa Abdul. 1997. *Islamic Ideology: The fundamental beliefs and principles of Islam and their application to practical life*. Delhi: New Era Publishers.
Hartono, David. "Mission from Two-Third World to Post-Christianity," *Asian Missiology*, Vol. 1/No.1 (2007), pp. 5-6.
Hassan, Masudul. 1992. *The Digest of the Holy Qur'an*. New Delhi: Kitab Bhavan.
Hedlund, Roger E. 1981. *Roots of the Great Debate in Mission, Mission in Historical and Theological Perspective*. Bangalore: Theological Book Trust.
Hesselgrave, David J. 1978. *Communicating Christ Cross-Culturally: An introduction to missiology communication*. Grand Rapids, Michigan: Academie Books.
"Hidden and Forgotten People including those who are disabled," pp. 24-25, Lausanne Occasional Paper No. 35, produced at the Pattaya Forum, 29 September to 5 October, 2004.
http://quranandinjil.org/commonword_files/PresentationAARNov08.pdf. Presentation at the American Academy of Religion meetings, Chicago, 3 November, 2008, 6.
International Journal for Religious Freedom (IJRF), *a Journal of the*

International Institute for Religious Freedom (IIRF) of the World Evangelical Alliance (WEA), http://www.iirf.eu

Jeyaraj, Jesudason Baskar. 2002. *Christian Ministry: Models of Ministry and Training*. Bangalore: Theological Book Trust.

Jomier, Jacques. 1989. *How to Understand Islam*. New York: Crossroad.

Jun, B. 2008. *The Path to Love (mahabbah)* [Gospel and Islam Series Vol.2] Johannesburg: AcadSA.

Khan, Muhammad Muhsin. 1979. *The Translation of the Meanings of Sahih Al-Bukhari* [Arabic-English] Vol.7, Lahore: Kazi.

_____. 1981. *The Translation of the Meanings of Sahih Al-Bukhari* [Arabic-English] Vol.8, Lahore: Kazi.

Kobia, Samuel. "WCC welcomes letter from Muslim leaders," http://www.acommonword.com/index.php?page=responses&item=13

Kwashi, Benjamin A. "Bearing Witness to the Love of Christ with People of Other Faiths," p. 2. Cape Town 2010 Advance Paper.

Larson, Warren F. "Critical Contextualization and Muslim Conversion," *International Journal of Frontier Missions*, Vol 13:4 October-December, 1996, p. 190. www.ijfm.org/PDFs_IJFM/13_4_PDFs/04_Larson.pdf

Lausanne Occasional Paper 13, "Christian Witness to Muslims," Report of the Consultation on World Evangelization -Mini-Consultation on Reaching Muslims, held in Pattaya, Thailand from 16-27 June, 1980.

_____ 2. The Willowbank Report: Consultation on "Gospel and Culture," January, 1978.

_____ 4. The Glen Eyrie Report: Muslim Evangelization in Colorado 1978, http://www.lausanne.org/glen-eyrie-1978/lop-4.html#I

Leirvik, Oddbjørn. "A relational theology in dialogue with Islam" (p. 3), Panel contribution, Intra-Christian consultation on Christian Self-Understanding in Relation to Islam, World Council of Churches, Chavannes de Bogis, 20 October, 2008. http://folk.uio.no/leirvik/tekster/Leirvik_RelationalTheology_okt08-2.pdf

Love, Rick. "Dialogue without Compromise: Report on the Common Word Workshop and Conference," Thy Kingdom Come: Proceedings of the 2008 ISFM Conference, *International Journal of Frontier Missiology*, 25:4 Winter 2008, 184-85. www.ijfm.org/PDFs_IJFM/25_4_Love.pdf

Malek, Sobhi. "Through Contextualized Forms," Rafique Uddin, "Contextualized Worship and Witness," in Woodberry, Dudley. ed. *Muslims and Christian on the Emmaus Road*. Monrovia, CA: MARC, 1989, p. 213.

"Manifestations of Sufism in South Africa," p. 3, *Islamic Focus*, Issue 11

September, 2007.

Marsh, Charles R. 1975. *Share Your Faith with a Muslim*. Chicago: Moody Press.

Mohamed, Shabnam Palesa. "Living as a Muslim Minority in South Africa," p. 5. *Islamic Focus*, Issue 11 September, 2007.

Monsma, Timothy. "Homogeneous Networks": A Label that Promotes Good Evangelistic Strategies in Cities, http://www.ijfm.org/PDFs_IJFM/03_1-4_PDFs/3_1Monsma.pdf

Moucarry, Chawkat Georges. 2001. *Faith to faith: Christianity & Islam in dialogue*. Leicester: Inter-Varsity Press.

Muhammad, Ghazi bin. "A Common Word Between Us and You": Theological Motives and Expectations, Eugen Biser Award Ceremony Speech, 22 November, 2008, pp. 7-9. http://www.eugen-biser-stiftung.de/fileadmin/user_upload/Eugen-Biser-Preis/EB_Preis_2008/09_Ghazi_EB-Prize_engl.pdf

Murata, Sachiko & Chittick, William C. 1994. *The Vision of Islam*. St. Paul, Minnesota: Paragon House.

Nakhooda, Sohail. "The Significance of the Amman Message and the Common Word," p. 12, Editor-in-Chief, *Islamica* Magazine; Official Archivist, A Common Word Initiative. At a lecture given in Amman on 30 December, 2008 at the 4th Annual Ambassadors' Forum organizedby the Jordanian Foreign Ministry, Sohail Nakhooda. http://www.acommonword.com/The-Significance-of-the-Amman-Message-and-the-Common-Word.pdf

Nasr, Seyyed Hossein. 2002. *The Heart of Islam: Enduring Values for Humanity*. NY: Harper San Francisco.

_____. WE AND YOU Let us meet in God's love (pp. 2-3), 4-6 November, 2008, "Love of God, Love of Neighbour" 1st Catholic-Muslim Forum Conference, Vatican City, pp. 2-3. http://acommonword.com/en/attachments/107_Nasr-speech-to-Pope.pdf

Nicholson, Reynold A. 1921. *Studies in Islamic Mysticism*. Cambridge: Cambridge University Press.

Nickel, Gordon D. 1999. *Peaceable Witness among Muslims*. Scottdale, PA: Herald Press.

Parks, S. Kent and Stott, John. "Missing Peoples: The Unserved 'One-Fourth' World: Especially Buddhists, Hindus & Muslims," 10 p. Cape Town 2010 Advance Paper.

Parshall, Phil. "Going Too Far?," pp. 656, 658, in Winter, Ralph D. ed. 1999. *Perspectives on the World Christian Movement: A Reader* [Third Edition]

Pasadena, California: William Carey Library.
_____. 1980. *New Paths in Muslim Evangelism: Evangelical Approaches to Contextualization.* Grand Rapids: Baker Book House.
_____. 1985. *Beyond the Mosque: Christians Within Muslim Community.* Grand Rapids: Baker Book House.
Pew Research Center's Forum on Religion & Public Life, "The Future of the Global Muslim Population," January, 2011. http://pewforum.org/The-Future-of-the-Global-Muslim-Population.aspx
Pippert, Rebecca Manley & Kwashi, Bishop Benjamin A. "A Fresh Approach To Witness For The 21st Century: A Global Perspective," pp. 3-4. Cape Town 2010 Advance Paper.
Regensburg: University Address, 12 September -Pope Benedict XVI, "Faith, Reason and the University: Memories and Reflections," http://www.ewtn.com/library/papaldoc/b16bavaria11.htm
Ruzivo, Munetsi. "Evangelical Christian- Muslim Relations in Zimbabwe," *Interreligious Insight*, V6 N1 January, 2008, pp. 35-36.
Schirrmacher, Thomas. 2008. *May a Christian Go to Court?* Bonn: Culture and Science Publishers.
Schlorff, Sam. 2006. *Missiological Models in Ministry to Muslims: An Historical - Theological Investigation.* Pennsylvania: Middle East Resources.
Schwartz, Stephen. 2008. *The Other Islam: Sufism and the Road to Global Harmony.* New York: Doubleday Religion.
SIM. "A Discussion of Contextualization Issues for SIM Personnel Working Among Muslim Peoples," p. 1, Contextualization paper April, 2008.
Singh, David Emmanuel. "Abu al-Al Mawdudis political theory: Some ideas on Muslim-Christian relations," *Transformation*, 17:1 (January-March, 2000), p. 6.
Sookhdeo, Patrick. 2009. *The Challenge of Islam to the Church and its Mission.* McLean, VA: Isaac Publishing.
Stott, John R. W. "The Significance of Lausanne," 41, *International Review of Mission*, July, 1975, pp. 291-94.
Swartley, Keith E. 2005. *Encountering the World of Islam.* Waynesboro, GA: Authentic.
"The Cape Town Commitment," http://www.lausanne.org/ctcommitment
"The Church and Other Faiths," http://www.lausanne.org/news-releases/the-church-and-other-faiths.html
"The Impact on Global Mission of Religious Nationalism and 9/11 Realities," Lausanne Occasional Paper No. 50, 2004 Forum for World Evangelization in

Pattaya, Thailand, 29 September to 5 October, 2004, p. 14.

The International Institute of Islamic Thought (IIIT). 1989. *Islamization of Knowledge: General Principles and Work Plan*. Herndon, VA: The International Institute of Islamic Thought.

"The Lausanne Covenant," http://www.lausanne.org/covenant

"The Lausanne Movement," http://www.thewardrobe.org/lausanne/data/Overheads/Lausanne_Overview_Overheads.pdf

"The Manila Manifesto," http://www.lausanne.org/manila-1989/manila-manifesto.html

The Missionary Training Service. 2002. *Evangelizing Muslims: Helps for beginning house churches*. Book 9 of the Missionary Training Series. Shropshire, U.K.: The Missionary Training Service.

The Muslim at Prayer.pdf, p. 2. www.stfrancismagazine.info/ja/The%20Muslim%20at%20Prayer.pdf

"The Persecuted Church," Lausanne Occasional Paper No. 32, 2004 Forum for World Evangelization in Pattaya, Thailand, 29 September to 5 October, 2004. www.lausanne.org/documents/2004forum/LOP32_IG3.pdf

"The Universal Declaration of Human Rights," 1948, http://www.un.org/en/documents/udhr/index.shtml

Travis, John. "Must all Muslims Leave 'Islam' to Follow Jesus?," in Winter, Ralph D. ed. *Perspectives on the World Christian Movement*, p. 662.

Uddin, Rafique. "Contextualized Worship and Witness," in Woodberry, Dudley. ed. *Muslims and Christian on the Emmaus Road*. Monrovia, CA: MARC, 1989, p. 269.

"Understanding Muslims," Lausanne Occasional Paper No. 49, 2004 Forum for World Evangelization in Pattaya, Thailand, 29 September to 5 October, 2004, p. 8.

Vander Werff, Lyle. "Christian Witness to Our Muslim Friends," *International Journal of Frontier Missions*, Vol 13:3 July-September, 1996, p. 116.

Winter, Ralph D. ed. 1999. *Perspectives on the World Christian Movement: A Reader* [Third Edition] Pasadena, California: William Carey Library.

Woodberry, J. Dudley. ed. 1989. *Muslims and Christian on the Emmaus Road*. Monrovia, CA: Marc.

"World Watch List - Where Faith Costs the Most," Open Doors, USA, January, 2011, http://members.opendoorsusa.org/worldwatchlist/downloads/WorldWatchList2011.pdf

Wright, Chris. "'The Whole Church'-Reflections of the Lausanne Theology Working Group," Thacker, Justin. ed. *Evangelical Review of Theology*,

Volume 34, Number 1, January, 2010, p. 3.
_____. 2010. *The Mission of God's People: A Biblical Theology of the Church's Mission*. Grand Rapids, Michigan: Zondervan.
Yale's Center for Faith and Culture. http://www.yale.edu/faith/acw/acw.htm
Yaran, Cafer S. 2007. *Understanding Islam*. Edinburgh: Dunedin Academic Press.
황의영. 2009. 『SBM 오늘의 교회진단과 처방 −시대적 과업을 위한 목회혁신 전략』. 서울: 도서출판 CLI.
호스킨스, 에드워드. 2010. 『무슬림의 마음』. 전병희 역. 대전: 대장간.

부록

부록 1. 로잔운동의 역사와 흐름
부록 2. 세계인권선언문과 카이로인권선언문

부록 1
로잔운동의 역사와 흐름

1910 에딘버러 세계선교대회

복음주의 진영과 에큐메니컬 진영이 각기 1910년 에딘버러 세계선교대회를 기념하였다. 참고로 에딘버러대회는 교회 대표 모임이 아니라 선교단체 대표들의 모임이었다.

- 1974년 제1차 로잔대회 개회식에서 빌리 그레이엄은 "1900년 뉴욕 선교사대회와 1910년 에딘버러대회는 이 로잔대회의 모형이었다"고 말했다.
- 선교학자 랄프 윈터의 경우는 1980년 에딘버러에서 세계전방개척선교회의World Consultation on Frontier Missions를 조직하면서 그것은 1910년 에딘버러대회의 연속이라고 말했다.
- 1910년 에딘버러대회는 1974년 로잔대회에 앞선 19세기 선교사들의 실천에 관한 회고였다. 이 선교대회는 1910년 6월 14~23일 스코틀랜드의 에딘버러에서 개최되었는데 개신교 선교사들의 전 세계 에큐메니컬 컨퍼런스였다.
- 이 대회 앞에 영국과 미국의 해외선교회들에 의해 주최된 5개의 초교파적인 컨퍼런스가 있었다. 그 중에 1888년 런던에서 열린 컨퍼런스는 세계 전역에 선교사 사역에 관한 정보를 연구하고 나누고자 한 첫 시도였고, 1900년 뉴욕에서 5만 명이 참석한 컨퍼런스는 미국, 캐나다, 영국, 유럽에 기반을 둔 해외선교회들에서

온 대표들의 '에큐메니컬' 모임으로 전 세계 개신교 선교사들의 사역을 나타내고자 열렸다.
- 1910년 에딘버러대회에서 세 가지 유의사항은, 이 대회가 비기독교종족들 가운데 선교사 사역만을 다룰 것, 교회가 직면하는 가장 긴급하고 즉각적인 문제들만을 거론할 것, 그리고 교회사적이거나 교리적인 질문들에 관한 의견은 대회에서 표현하지 않기로 한 것이었다.
- 신학적인 정의를 내리는 것을 피하고, '선교'와 '화합' 양쪽에 관심을 두었다.
- 10일간 개신교 선교회에서 1,200명의 대표들여성 200명- 아시아인 19명, 아프리카인 1명, 라틴 아메리카인 0명이 에딘버러에 참여했는데 참여자의 많은 수가 식민주의 상황에 있는 유럽과 북미로부터 왔다.

로잔운동은 이전에 있었던 세 활발한 운동—1949년 로스앤젤레스에서 빌리 그레이엄과 함께 대도시들에서 공개적인 강연까지 이른 대중전도의 회복, 세계 전역에 출현했던 견실한 복음주의 교회들과 운동들을 따르면서 성경적 연구와 신학적인 반성 가운데 일련의 복음주의적 학문의 재생 그리고 이 출현 가운데 중요한 역할을 했던 자력의 "믿음선교"faith missions—의 연합과 협력을 위하여 복음전도적 교회, 선교사 조직들, 그리고 교파적 갱신그룹들의 유형을 구현하였다.

로잔운동 이전의 20세기 후반 동안에 발달한 경향과 운동들은 복음주의적 선교사 행동주의의 발전, 오순절주의의 새로운 변화 그리고 로마 가톨릭교회의 제2차 바티칸회의2nd Vatican Council (1962~1965) 등이었다.

1966 베를린 세계복음전도대회

"한 인종, 한 복음, 한 과업" One Race, One Gospel, One Task

로잔의 이야기는 복음전도자 빌리 그레이엄 박사에게서 시작된다. 그가 국제적으로 설교하기 시작하면서 '세계의 총력적인 복음화의 공동 과업에 모든 복음주의자들을 연합시키기' 위한 열정을 발전시켰고, 1966년 빌리 그레이엄 복음전도협회Billy Graham Evangelistic Association는 미국의 「크리스채너티 투데이」Christianity Today 매거진과 공동으로 베를린에서 세계복음전도대회를 후원하였다. 1966년 베를린 모임은 100개 이상 국가에서 1,200여명의 대표들을 불러들였다.

베를린 세계복음전도대회는 싱가포르1968, 미니애폴리스와 보고타 1969, 그리고 오스트레일리아1971에서 더 심도 깊은 컨퍼런스들을 열게 했다. 바로 그 직후로 빌리 그레이엄은 사회적, 정치적, 경제적, 그리고 종교적인 격변의 세계에서 기독교 선교를 재구성하기 위해서는 더 방대하고 다양한 대회가 필요함을 인식하였다. 그가 믿기로는, 교회는 당시의 세계에 복음을 적용해야 했고 사회에서 급격한 변화들 배후의 관념들과 가치들을 이해하기 위해서도 애써야 했다. 그는 모든 대륙에서 뽑혀온 100명의 기독교 지도자들과 함께 그의 생각을 나누었는데 그들은 그 필요를 지지하였다.

1966 베를린 세계복음전도대회

- 1966년 10월 26일~11월 4일 개최
- 빌리 그레이엄 복음전도협회와 「크리스채너티 투데이」의 공동 후원
- 100개 국가에서 거의 1,200명의 대표들 참여

- 주제: 한 인종, 한 복음, 한 과업

1966년 베를린대회

- 서구 신학의 급격한 변천, 그리고 특히 세계교회협의회를 둘러싼 빌리 그레이엄과 칼 헨리CT 편집인의 염려
- 에딘버러 세계선교대회1910의 정신 가운데 복음주의자들을 결속하려는 바람
- 교회의 복음전도과업을 명확하게 발언하고 진전시키고자 하는 바람
- 제2차 바티칸회의의 결과로서 가톨릭교회 내부에서 전면적인 개혁이 시작되고 있었다.(해방신학이 그 발전의 초기 단계에 있었음)
- 1960년대 북미와 유럽 문화 가운데 문화적 격동기가 성경적으로 고안된 응답을 필요로 하였다.

베를린에서 로잔까지

- 빌리 그레이엄 복음전도협회가 후원한 네 개의 지역대회
  - 1968년 싱가포르에서 개최한 아시아-남태평양 복음전도대회 Asia-South Pacific Congress on Evangelism
  - 1969년 미니애폴리스에서 개최한 북미 복음전도대회 North American Congress on Evangelism
  - 1969년 보고타에서 개최한 라틴 아메리카 복음전도대회 Latin America Congress on Evangelism
  - 1971년 암스테르담에서 개최한 유럽 복음전도대회 European Congress on Evangelism

- 각 대회의 초점: 베를린에서 발생한 복음전도를 위한 동력momen-tum을 떠받침. 이와 같이 1974년 로잔대회는 유럽이나 북미의 복음전도자들에 의해서만이 아니라 두터운 국제 공동체의 대화이기를 원했다.

베를린과 로잔 사이

- 서구문화들 내의 급격한 변화
- 은사주의적 파동
- 기독교 문서와 성경 번역의 눈부신 증가
- 복음주의자들의 뛰어남
- 제2차 바티칸회의 이후 가톨릭교회 내부에서의 포괄적인 변화
- 복음전도의 새로운 형태들–더 전인적인holistic 성격–출현

1968 싱가포르 아시아–남태평양 복음전도대회

- 1968년 11월 5~13일 개최
- 24개국 아시아 국가에서 1,100명의 대표 참여
- 목적
  - 급격히 불어나는 인구와 사회적 격변으로 환기된 지역에서 1966년 세계복음전도대회의 제안들을 충족시킬 방법들을 발견하기 위해
  - 이 지역에 있는 20억 인구에게 기독교 복음의 적절성을 전개시키고 기독교 복음 선포의 긴급성을 강조하기 위해
  - 교회가 공동으로 그리고 그 회원들에게 개인적인 복음전도가 보

다 중요하다는 것을 인식하고 수용하도록 일깨우기 위해

1969 북미 미니애폴리스 복음전도대회

- 1969년 9월 8~13일 개최
- 북미 전역에서 5,000명의 대표 참여
- 주제: "많이 받은 대로 많이 요구된다"Much Is Given-Much Required 눅12:46
- 한 쌍의 초점들
  - 개인의 깨끗함과 성결
  - 복음전도로의 회귀 그러나 사회의 필요들을 충족시키기 위한 우리의 사회적 책임들에 민첩한 복음전도이어야 함
- 신앙부흥 운동가의 설교집회로서 폐회 저녁에 빌리 그레이엄이 22,000명에게 복음을 전함

1969 라틴 아메리카 보고타 복음전도대회

- 1969년 11월 21~29일 개최
- 25개 국가에서 약 830명의 대표 참여
- 주제: "위기 가운데 처한 대륙을 향한 그리스도 안에서의 행동"
- 대회는 상황화된 복음을 요청한 "보고타의 복음주의적 선언"The Evangelical Declaration of Bogota의 가결된 주장과 함께 끝을 맺음.
  - "함께 우리는 그리스도인의 삶을 충분히 살아낼 것과 라틴 아메리카인에게 완전한 복음을 선포해야 할 필요성을 인식하였다."
- 라틴 아메리카를 복음전도 하고자 하는 30년 계획이 대회의 부분

으로서 제안됨. 이것은 라틴 아메리카에서 계속되는 라틴 아메리카 복음전도대회들CLADE의 첫 번째 대회였다.
- 한 상황적 현실—복음주의자들은 제2차 바티칸회의 이후 촉진된 쇄신을 통해 만들어진 변화들에 대해 반응하는 것에 의견이 일치하지 않았다.

1971 유럽 암스테르담 복음전도대회

- 1971년 8월 28일~9월 4일 개최
- 36개국 유럽 국가에서 1,064명의 대표 참여
- 목적의 진술
  - 예수 그리스도의 복음은 믿는 모든 사람에게 여전히 구원에 이르게 하는 하나님의 능력이라는 사실을 재확인하기 위해
  - 그리스도인들 개개인의 복음전도에 대한 책임에 대해 그들을 일깨우기 위해
  - 복음에 대한 사회적인 암시들을 알아보기 위해
  - 유럽에서 복음전도를 위한 효과적인 협동 방안들과 방법들을 찾기 위해
  - 동시대 사회의 상황에서 변함없는 복음을 전달하기 위한 방안들과 방법들을 발견하기 위해
- 상황적 현실들은 유럽의 정치신학들 안에 급진적인 동향들을 포함시켰다.

로잔대회 이전 요약

- 복음주의자들이 교회의 첫째 과업으로서 복음전도에 활기를 모을 것을 확실히 하였다.
- 복음전도를 위한 포괄적인 필요를 조명하는 가운데 지방과 지역의 쟁점들을 고려하기 위해 지역적인 상황 안에서 국제 지도자들이 모였다.
- 신학적 일치를 가능하게 하였고, 동시에 중대한 신학적 쟁점들에 관한 토의를 가져왔다(예를 들면, 복음전도와 사회적 책임의 관계, 제2차 바티칸회의에 응답하는 것).
- 복음주의자들에게 국제적인 관심을 불러일으키고 로잔 회의를 위한 동력을 부여했다.

1974 로잔 세계복음화 국제대회에서 빌리 그레이엄이 개최한 "지구로 음성을 듣게 하라

"1974년 로잔대회가 정치적으로나 사회학상이 아닐지라도 '신학적으로' 이 세기의 초기 부분에서 저 거대한 회의들에 관한 비전들과 개념들을 우리에게 회상시켜 줄 것이라는 것이 내가 소망하는 바요 기도 제목이다. 그 때 이후로 세계 교회는 몸부림쳤다. 이것이 세계복음화대회이다. 우리의 소명은 교회의 책임의 특수한 영역인 '복음전도'에 있다. 여기 로잔에서 복음화evangelization는 우리가 한마음으로 하기로 결정한 하나의 과업이라는 것을 분명히 하자. 이것은 복음주의자들이 모인 회의이다.

이 대회는 한 과업과 함께 한 주님께 복종하고 세상을 향하여 한 몸으로서 모였다. 이 대회는 복음전도에 필수적인 성경적 개념들을 재강조하기 위해 열었다. 첫째, 우리는 성경의 권위에 위탁되었다. 둘째, 우리는 예수 그리스도에게서 떨어져 나가는 사람의 '파멸'을 확인한다. 셋째, 우리는 '구원'이 예수 그리스도 안에서만 있다는 것을 재확인하기를 기대한다. 넷째, 우리는 이 대회에서 우리의 증거가 말씀과 행위에 의해서 비롯한다는 것을 재확인하기를 기대한다."

1974 로잔 세계복음화 국제대회

대회 목적과 초점

- 1966년 베를린대회에 뒤따르는 것으로서 고안되었는데 이 대회는 세계를 복음화하는 것에 초점을 둔 복음주의자들을 함께 소집하려는 목적으로 빌리 그레이엄에 의해 제안되었다.
- 복음화—복음의 선포인 복음전도 보다는 교회의 모든 과업whole task에 초점을 두었다.

1974년 로잔대회: 기록

- 스위스 로잔에서 7월 16~25일 개최
- 150개 국가에서 2,700명 이상 참여
- 참관자들, 매스컴 그리고 내빈들을 포함하여 4,000명 이상 참석
- 참여자의 50%정도가 대부분 세계 배경들을 지님
- 「타임」TIME이 논평하기를, "그리스도인들이 지금까지 개최했던 모임들 중에서 아마 가장 폭넓은 범위의 모임으로 굉장한 포럼a formidable forum이었다."

대회의 중대한 결과들

- 로잔언약 −수백개 단체들과 기관들에 의한 신앙의 진술
- 종족그룹들과 미전도종족들을 통하여 세계복음화의 과업을 이해하기 위한 다른 접근에 주의를 집중함
- 결과적으로 1976년에 세계복음화 로잔위원회Lausanne Committee for World Evangelization가 구성됨
- 지방, 국가, 지역, 그리고 국제적인 수준들에서 두드러진 복음주의적 동맹들과 운동들을 위한 도약대로서 도움을 줌
- '로잔'이란 용어는 스위스의 도시 이름에서 세계 전역에서 두드러진 복음주의운동의 이름으로 전환됨

로잔언약

- 3,000개 단어의 로잔언약이 1974년 국제대회 기간 동안에 2,300명 이상의 복음주의자들에 의해 작성됨. 세계복음화에 대해 더 국제적일 것이라는 동의를 받음
- '언약'은 '선언'에 우선하여 결정되었는데 왜냐하면 편집자들은 "어떤 것을 그냥 선언하기로 결정한 것이 아니라 어떤 것을 행하기로 했다. 즉, 세계복음화의 과업에 우리 자신을 의탁하기로 하였다."
- 언약은 15가지 요점 안에 여섯 가지 주요 영역을 강조함.
  - 성경의 권위
  - 복음전도의 본질
  - 그리스도인의 사회적 책임

- 세계선교의 긴급성
- 문화의 문제점들
- 영적 전투
• 어떤 다른 문서보다 로잔언약이 기관들, 단체들 그리고 협회들에 의한 신앙의 진술로서 채택됨

언약에 대한 반응

• 최종의 분석에 있어 대회의 가장 큰 성취는 기독교 선교의 의미와 성격을 분명히 한 것이었다. 교회의 완전한 선교에서 복음의 선포가 사회적 책임, 제자도discipleship 그리고 교회의 갱신과 뒤엉켜 연결된 것으로 보였는데 여기에서 복음전도의 개념이 분명해졌다. 로잔 모임은 맹렬한 실용주의를 거절하고 성경적 신학으로 돌아가는 것을 가능하게 함으로써 복음주의적 의제를 새롭게 하였다. 복음전도는 본래 대로 남아있었으나 더는 교회중심의 행동주의로 이해되지 않았고 예수 그리스도의 주권 아래 삶 전체를 두는, 하나님의 방법으로 완전하게 남게 되었다.

미전도종족들

• 세계복음화에 전념한 대회에서 랄프 윈터는 대회의 가장 고무적인 질문을 하였다. "아직도 복음의 손길이 미치지 않은 27억 사람들은 어떤가?"
• 도날드 맥가브란Donald McGavran의 영향 하에 전략가들은 지정학적 단위들로서의 국가들로 보다는 종족들로 그 과업을 나누기 시

작했다.
- The Missions Advanced Research and Communications CenterMARC는 대회에서 분배할 미전도종족들의 명부를 준비했다. 그것은 세계에 있는 사람들의 방대한 규모가 아직 복음화되지 않았고 그 당시에 사용되고 있던 주어진 방법들과 전략들로는 복음화를 이룰 수 없다는 것을 분명하게 보여주었다.
- 그러나 '종족들' - "서로 간에 공통의 유사점을 가진 것으로 그들 스스로 지각하는 개인들이 배치된 충분히 큰 무리" - 에 대해 제시된 정의는 명확하게 귀착되지 않았고 심지어는 혼동으로 이끌었다.
- 윈터의 질문과 더불어 MARC 자료들은 우리가 세계복음화의 과업을 완성하기에는 아직도 할 일이 많다는 것을 깨닫게 해주었다.
- 많은 종족에게 아직도 복음의 손길이 닿지 못하는 현실은 종족그룹의 생각을 옹호하는 것과 더불어서 오늘날까지 계속되는 복음전도전략들과 토의를 위한 토대가 되었다.

세계복음화 로잔위원회

- 세계복음화 로잔위원회는 1974년의 로잔대회의 정신을 지속하기 위해 1976년에 정식으로 조직되었다.
- 전임 전문사역자들 보다는 선교와 복음전도 기관들에서 소속을 옮기게 된 자원자들과 인력들로 구성되었다.

세계복음화 로잔위원회LCWE의 목표

- 교회가 아직 자생적으로 뿌리를 내리지 못한 곳에 있는 미전도 종족그룹들을 포함한 모든 종족 가운데 성경적인 복음화
- 세계복음화로의 토대로서 영적인 갱신
- 세계를 복음화하기 위해 헌신된 인력들 가운데 관계와 협동의 네트워크를 짓는 것
- 기도와 기타 자료들이 효과적으로 동원되도록 세계복음화의 진행과정을 조정하는 것

로잔의 핵심인물들

- 빌리 그레이엄: 추진과 자금조달을 하였고, 그 위치는 사람들을 다시 세우는 것을 필요로 하였다.
- 존 스토트: 언약과 진행되는 로잔의 협의들을 위한 신학적인 구상을 하였다.
- 레이튼 포드Leighton Ford: 로잔의 이상ideal이 계속되도록 연속성을 부여하고 하나의 운동으로 안출하였다.
- 갓프리드 오세이-멘사Gottfried Osei-Mensah: 그 운동에 대해 중대한 국제적 발언을 했다.

대회의 중대성

- 복음화를 향한 교회의 자세를 널리 제공었다.
- 복음주의자들로 하여금 그들의 협동과 연합된 노력들을 가하도록 그들을 불러 모으는 요지를 제공했다.
- 유일하고 역사적인 문서인 로잔언약을 만들어 내었다.

- 아직도 손길이 미쳐야 할 세계를 바라보는 새로운 길들을 개척했다.
- 세계복음화의 신학과 실천에 관련된 쟁점들에 관한 많은 컨퍼런스들과 회의들을 촉진했다.
- 복음전도, 문화, 다른 종교들, 사회적 책임 그리고 성령과 같은 영역들의 쟁점들에 관해 더 폭넓고 균형 잡힌 성경적 시각을 개발하도록 복음주의자들을 도왔다.
- 세계교회의 역할에 대한 더 큰 인식을 가져왔다.

획기적인 사건 '1974년 로잔대회'

- 1974년 로잔대회는 복음주의적 선교 역사의 획기적인 사건이었다. 그것은 선교사 실천과 반성에 관해 적어도 아래 네 가지 점에서 힘찬 도전이었다.
  - 전후 선교사 실천의 이원론적인 영화spiritualizations 외에, 복음주의적 의제에 전인적holistic 선교의 개념을 가져왔다.
  - 로잔언약에서 표현된 신학적 확신들과 선교사 열정의 토대 위에 교회들과 선교단체들과 복음주의, 오순절 그리고 개혁주의 간에 선교에 있어서 협동을 과감히 제안하였다.
  - 우리가 살고 있는 제국 이후의 시대post-imperial era는 제국주의와도 맞지 않고 지방제일주의와도 맞지 않기에 신학적 과업뿐만 아니라 선교사 과업이 지금 세계적 차원을 갖는다는 사실을 나타내었다.
  - 최종적으로 로잔대회는 복음주의자들로 하여금 선교의 상황과 그것을 둘러싸고 제약하는 사회적, 이념적, 그리고 영적 분투들을 진지하게 맞서는 것의 중요성에 대해 그들의 눈이 열리도록

고무했다.

1974년 로잔대회 이후의 영향

- 주요한 컨퍼런스들이 모든 대륙에서 개최되었다.
- 로잔을 기원으로 하거나 로잔과 관련된 수많은 대회가 개최됨.
  - 세계복음화 나이지리아대회Nigerian Congresses on World Evangelization
  - 세계복음화 중국대회Chinese Congresses on World Evangelization
  - 유대인 복음화 국제 컨퍼런스International Conferences on Jewish Evangelization
  - 아시아 로잔 복음전도대회Asia Lausanne Conferences on Evangelism
  - 국제적인 연구자 컨퍼런스International Researchers Conferences
  - 라틴 아메리카 복음전도대회CLADE; Latin American Congresses on Evangelism
- 로잔언약이 수백의 기관들, 단체들 그리고 협회들에 의해 채택되었다.

1975 세계복음화 로잔위원회 발족 및 로잔언약 출간

멕시코 도시에서 시드니의 은퇴한 주교이자 1974년 대회의 의장이었던 잭 데인Jack Dain은 세계복음화 로잔위원회의 구성을 관장하였다. 가나사람 갓프리드 오세이-멘사는 첫 번째 총무General Secretary의 역할을 임명받았다. 미국인 레이튼 포드는 실행 의장Executive Chairman으로 선출되었다.

세계 복음주의의 발기를 위해 필수적이라고 간주된 네 가지 사항은 하나님을 진정으로 의존함, 견고한 신학적 지주들, 분명한 전략 그리고 효과적인 의사소통이었다. 다음의 네 개의 워킹그룹이 설립되었다.

- 중보기도 워킹그룹Intercession Working Group
- 신학 워킹그룹Theology Working Group
- 전략 워킹그룹Strategy Working Group
- 의사소통 워킹그룹Communications Working Group

그 후로 두 개의 심도 깊은 워킹그룹은 리더십 개발에 관한 것과 사업, 정부, 교육, 의술, 그리고 매스컴에 관한 것이 추가되었다.

- 1976년 세계복음화 로잔위원회Lausanne Committee for World Evangelization 창설
- 1977년 파사데나에서 동질의 단위 원리에 관한 콜로퀴움 Colloquium on the Homogeneous Unit Principle 개최
- 1978년 글렌 아이리에서 북미 무슬림 복음화대회North American Conference on Muslim Evangelization 개최
- 1978년 윌로우뱅크에서 복음과 문화Gospel and Culture 회집
- 1980년 호즈던에서 단순한 삶의 방식에 관한 국제 회의 International Consultation on Simple Lifestyle 개최

1974년 로잔대회부터 파타야 1980년 파타야 회의까지 세계복음화 로잔위원회 워킹그룹 모임들

- 1976년 세계복음화 로잔위원회가 정식으로 설립됨
- 로잔 세계복음화 위원회가 후원한 네 개의 국제 대회
  - 1977년 파사데나에서 개최한 동질의 단위 원리에 관한 콜로퀴움
  - 1978년 윌로우뱅크에서 회집한 복음과 문화
  - 1978년 글렌 아이리에서 개최한 북미 무슬림 복음화대회
  - 1980년 호즈던에서 개최한 '단순한 삶의 방식에 관한 국제회의'
- 선교 정책과 초점
  - 모두 선교 정책과 초점을 위한 이해 혹은 밀접한 관계들implications에 연합되지 않은 복음주의자들이 있는 지역들에 달려들어 사역했다.
- 이들에게서 로잔의 발표 글 중의 첫 번째 글이 나왔는데 이것은 세계 전역의 복음주의 그리스도인들의 생각을 자극하려고 의도했다.
- 이 회의들에서 만들어진 각 발표한 글들은 교회가 문제를 호소하도록 하기 위해 사례 연구들과 전략들뿐만 아니라 (신학적인 해설을 포함하여) 그 쟁점의 개관을 포함한다.

1974년 로잔대회와 1980년 파타야 회의 사이의 로잔 가맹 모임들

- 인도1977, 나이지리아1978, 노르웨이1978, 말레이시아와 싱가포르1978, 베네수엘라1979 그리고 독일1980, 이 모두는 세계복음화 국가회의이다.
- 유럽에서 세계복음화 국제대회ICOWE; International Congress on World Evangelization가 시작된 후 2년 이내에 적어도 25개의 새로운 네트워크나 선교활동이 시작된 것으로 산정된다.
- 1976년 8월 세계복음화 중국대회CCOWE; Chinese Congress on World

Evangelization를 위해 1,600명 이상의 중국어를 구사하는 대표들이 여섯 개 대륙에서 홍콩에 모였다.
- 1978년 11월 아시아 리더십 복음전도대회ALCOE; Asian Leadership Conference on Evangelism를 위해 20개국 이상의 아시아 국가에서 350명의 기독교 지도자들이 싱가포르에 왔다.

1980~1987 파타야 세계복음화 회의

세계복음화 로잔위원회는 미전도지역에 복음의 손길을 미치는 전략적 쟁점들을 고려하기 위해 세계 전역에서 거의 900명이 모인 이 회의를 후원했다. 레이튼 포드가 의장직을 맡았고 데이비드 하워드David Howard가 지휘하면서 파타야의 주안점은 회의 내부에 포함된 17개의 소규모 회의이었다.

1987년 차세대 지도자 대회

세계복음화를 위해 세계 전역에서 차세대 지도자들을 연결하고 활기를 돋울 필요를 인식하면서 로잔운동은 1987년 싱가포르 대회를 위해 60개 이상 국가에서 거의 300명의 차세대 복음주의적 지도자들을 소집했다. 이 컨퍼런스는 다음 세대로 리더십의 '성화를 넘겨주는' 중요한 움직임을 보였다. 이 대회 참여자 중의 많은 사람이 오늘날 로잔운동에 전략적으로 포함되어 남아있다.

1980 파타야 세계복음화 컨퍼런스

- 1982년 그랜드 래피즈에서 복음전도와 사회적 책임 간의 관계에

관한 국제 회의International Consultation on the Relationship between Evangelism and Social Responsibility 개최
- 1984년 서울에서 세계복음화 국제 기도집회International Prayer Assembly for World Evangelization 개최
- 1987년 싱가포르에서 차세대 지도자 대회Conference of Young Leaders 개최
- 1985년 오슬로에서 성령과 복음화의 사역 회의Consultation on the Work of the Holy Spirit and Evangelization 개최
- 1988년 홍콩에서 개종과 세계복음화 회의The Consultation on Conversion and World Evangelization 개최
- 1989년 마닐라에서 제2차 세계복음화 국제대회International Congress for World Evangelization II 개최

1980년 파타야 세계복음화 컨퍼런스

- 6월 16~27일 태국 파타야에서 개최
- 650명의 대표들과 약 300명의 참가자가 세계전역에서 와서 미전도종족들에게 미치게 될 전략적인 쟁점들을 고찰하고자 만남
- 파타야의 주안점은 컨퍼런스에 포함된 17개의 소규모 회의였는데 이 회의의 결과는 로잔의 발표 글들로 출판되었다.

1980년 파타야 회의 다섯 가지 목표

- 그리스도께서 오실 때까지 그분의 교회에 그분이 주신 과업을 향해 생동감 있는 비전과 능력을 찾기 위해

- 세계복음화의 상태, 그것의 진전과 장애물들을 평가하기 위해
- 세계복음화에 연관된 신학적이고 전략적인 쟁점들에 관해 확대된 연구 프로그램을 완성하고 그 결과들을 나누기 위해
- 다른 미전도종족 그룹들과 관련된 특별한 복음전도 전략들을 개발하기 위해
- 세계복음화 로잔위원회의 위임mandate을 재검토하기 위해

태국 성명

- 태국대회는 한 성명을 냈으나 로잔언약의 정도까지 이루지는 못했다.
  - 성명은 참여자들이 세계복음화에 헌신할 것을 확인했다.
  - 성명은 네 가지 개인적 태도-사랑love, 겸비humility, 정직integrity 그리고 능력power-의 변화를 요청하였다.
  - 성명은 세계복음화의 과업에 더 큰 협동을 요청하였다.
- 태국 파타야 대회는 "로잔언약이 행한 대로 복음전도가 '첫째' 라는 것을 동시에 인정하는 반면에 복음전도와 사회적 행동 둘 다에 우리의 헌신이 있어야 함을 재확인하였다."

로잔대회에서 발표 글들의 초점

- 태국대회의 계속되는 영향력은 17개의 발표된 글에 전해졌다.
- 이 발표된 글들은 민족언어학적 구분들 보다는 종교적, 이념적, 혹은 사회경제적 구분들에 집중한 다양한 관점에서 '미전도종족들' 에 미치는 것을 초점에 두었다.

- 박해받은 종족들Marginalized peoples / 난민들
- 인종적 종족들Ethnic peoples / 중국인, 유대인
- 종교적 종족들Religious peoples / 무슬림, 힌두교인, 전통적인 종교인들, 새로운 종교인들, 세속적인, 마르크스주의자
- 도시 종족들City peoples / 도시 빈민, 거대한 도시들
- 다양한 유형의 형식적인 기독교 종족들 로마 가톨릭교도, 정교도, 개신교도

- 이 범주들에서 보이듯이 파타야는 당시에 복음주의 내부에서 발견된 '종족들'의 개념에 대한 합의가 부족했음을 드러냈다.

소규모 회의들의 초점

- 태국대회의 계속되는 영향력은 17개의 소규모 회의에서 발전된 17개의 출판된 발표 글에 나타났다.
- 소규모 회의 그룹들은 전략을 토대로 하고 선포에 초점을 두었다. 사피르 아티알Saphir Athyal이 주목하였듯이, "우리는 여기에서 쟁점들에 초점을 두지 않는다. 차라리 우리는 복음이 미치게 될 종족들과 그들에게 어떻게 미쳐야 할지를 연구하게 되었다."
- 이와 같이 미전도종족들 스스로에 대해 아는 것은 결말에 이르는 방법이었다. 그리스도를 위해 그들에게 미칠 전략을 개발하기 위해 이 종족그룹에 대해 우리는 무엇을 알아야 할 필요가 있는가?

종족그룹들이란?

- 파타야에서 종족그룹 생각은 초점그룹들Focus Groups을 위한 조직상의 뼈대였다.

- 밝혀진 '미전도종족들'을 위한 전략들이 개발되었는데 그 종족들은 다양한 관점들에서 보였으나 가장 두드러진 범주는 종교적인 종족들유대인들, 무슬림들, 힌두교인들, 전통적인 종교인들 등이었다.
- 비록 종족그룹들이 조직의 뼈대였을지라도 "종족"을 성립시킨 것에 관하여 여전히 혼선이 있었다.

파타야의 추려진 평론들

- 종족그룹 접근은 일부의 부분에 관해 혼선으로 이끌면서 충분히 개발되지 않았다. 다른 사람들은 종족그룹 접근이 그들 자신의 국가들에서 발견된 부족제도 혹은 카스트 계급제도를 지원할 수 있다고 비판했다.
- 전체회의 발언들에서 주어진 메시지들은 전적으로 예상할 수 있었고 새로운 제안이 거의 없었다.

1980년 파타야 회의부터 1989년 마닐라 대회까지 세계복음화 로잔위원회 워킹그룹 모임들

- 여섯 개의 LCWE 워킹그룹 모임들이 이 시기 동안 개최됨.
  - 1982년 그랜드 래피즈에서 복음전도와 사회적 책임 간의 관계에 관한 국제 회의 개최
  - 1984년 서울에서 세계복음화 국제 기도집회 개최
  - 1985년 오슬로에서 성령과 복음화의 사역 회의 개최
  - 1987년 싱가포르에서 차세대 지도자 대회 개최
  - 1988년 홍콩에서 개종과 세계복음화 회의 개최

- 1988년 워싱턴에서 북미 차세대지도자 컨퍼런스North American Conference of Young Leaders 개최
- 그랜드 래피즈, 오슬로와 홍콩 모임들은, 복음주의자들 가운데 더 큰 의견의 일치를 내세우기 위해 일하면서(만일 합의가 없으면) 복음주의자들 가운데 불일치의 영역들에 계속적으로 초점을 두었다.
- 서울은 세계복음화를 위한 기도 가운데 복음주의자들을 연결하는 것에 초점을 두었다.
- 싱가포르와 워싱턴은 흔히 있는 문제점들과 목표들을 다루기 위한 관계들과 네트워킹의 개발이 가능하도록 고안되었다.

1980년 파타야 회의와 1989년 마닐라 대회 사이의 로잔 가맹 모임들

- 국가적인 수준의 회의들이 노르웨이1980, 1981, 미국1981, 나이지리아1981, 캐나다1983 그리고 브라질1983에서 개최
- 지역적인 수준들에서
  - 세계복음화 중국대회 두 차례 개최1981, 1986
  - 아시아 로잔 복음화대회 한 차례 개최1988
  - 라틴 아메리카 복음주의자 회의Consultation of Evangelicals in Latin America 개최와 라틴 아메리카 복음주의회CONELA; Confraternidad de Evangélica de Latinoamericana 형성1982 그리고 복음전도와 사회적 책임에 관한 회의Consultation on Evangelism and Social Responsibility 개최1983
- 국제적인 수준에서
  - 유대인 복음전도 로잔 회의이 형성되어 두 차례 개최1983, 1986
  - 암스테르담에서 제1차 국제 연구자 컨퍼런스 개최1987

1989 제2차 로잔 세계복음화대회

제2차 로잔대회는 로잔운동을 구체화하는 데 중요한 역할을 하였다. 이 대회는 그 목적에 있어서 매우 중요하였다. 온 세계에 온전한 복음을 가지고 가는 과업에 관해 새로운 방법으로 예수 그리스도의 온 교회에 초점을 두고자 하였다. 이 대회는 대표representation 선정에 있어서 중요하였다. 소비에트 연방과 동구 유럽을 포함하여 173개 국가에서 왔으며 지난 컨퍼런스들에서보다도 여성들, 평신도들 그리고 차세대 지도자들이 더 큰 비율로 4,300명의 인원이 참석하였다. 이 대회는 때에 맞춰서 주요하였다. 1차 대회를 토대로 하여 그 이후로 일어난 사역 위에 지어졌다. 이 대회는 규모면에서도 매우 중요하였다.

A.D. 2,000 운동부터 성령의 사역까지, 평신도를 자유롭게 하는 것까지, 우리의 세상 가난한 자들의 심령의 울부짖음까지 중요한 주제들이 고려되었는데, 모두가 그리스도의 세계적인 대의global cause에 관련되었다. 이 2차 대회에서 로잔언약을 확언한 마닐라선언문Manila Manifesto이 나왔고 그 가운데 진술하기를, "…교회들, 선교단체들 그리고 다른 기독교 기관들이 복음전도와 사회적 행동에서 협동해야 할 긴급한 필요는…" 로잔언약과 마닐라선언문은 함께 예수 그리스도의 복음을 나누는 것에 헌신한 교단들, 성직자들 그리고 개인들을 위한 신학적이고 역사적인 토대를 계속해서 제공한다.

1989 마닐라 세계복음화 국제대회

1989년 마닐라대회 기록

- 1989년 7월 필리핀 마닐라에서 개최

- 191개 국가에서 4,000명 참석
- 사피르 아티알Saphir Athyal이 프로그램 의장직을 맡음. 프로그램 디렉터는 에드 데이튼Ed Dayton
- 오순절주의자들과 은사주의자들을 의식적으로 포함시킨 것이 분명했다. 예를 들면, 잭 헤이포드Jack Hayford와 패커J. I. Packer는 전체회의에서 발언자들이었다.
- 여성들은 의식적으로 무대 발표자들과 그룹 인도자들에 포함되었다.
- 1989년 마닐라에서 개최된 제2차 세계복음화 국제대회 이후, 네 개의 워킹그룹 로잔 모임이 개최됨.
  - 1993년 웁살라에서 신앙과 현대주의에 관한 웁살라 회의The Uppsala Consultation on Faith and Modernity 개최
  - 1997년 하슬레브에서 상황화에 대한 재론Contextualization Revisited 개최
  - 1998년 런던에서 명목론에 관한 로잔 국제 회의Lausanne International Consultation on Nominalism 개최
  - 2000년 나이로비에서 "악에서 우리를 구원하소서"Deliver Us from Evil 영적 전투에 관한 로잔 회의Lausanne Consultation on Spiritual Warfare 개최
- 각각은 복음주의자들이 복음전파가 긴급한 지역들에 초점을 두도록 모임을 제공함.
  - 1993년 웁살라에서 해설서compendium를 제공. Faith and Modernity; 옥스포드
  - 1997년 하슬레브에서 발표한 글 중에 여러 글이 세계복음화 매거진에 해설서로 제공됨.

- 1998년 런대에서 "명목론에 관한 교회들에의 성명"Statement to the Churches on Nominality을 낳음.International Review of Mission에 출판됨
- 2000년 나이로비에서는 "영적 전투에 관한 성명"Statement on Spiritual Warfare; LOP과 해설서Deliver Us from Evil; MARC Publications를 제공.

1989년 마닐라대회에서 2004년 태국포럼까지 로잔 가맹 모임들

- 국가적인 수준에서 수많은 소규모 컨퍼런스들과 회의들이 아르헨티나, 오스트레일리아, 브라질, 영국, 핀란드, 프랑스, 독일, 나이지리아, 노르웨이, 스코틀랜드 그리고 미국에서 계획됨
- 지역적인 수준에서
  - 세계복음화 중국대회 세 차례 개최1991, 1996, 2001
  - 아시아 로잔 복음화대회 세 차례 개최1992, 1996, 2002
  - 라틴 아메리카 복음주의회 개최1982
- 국제적인 수준에서
  - 유대인 복음전도 로잔회의 네 차례 개최1991, 1995, 2001, 2003
  - 암스테르담에서 국제 연구자 컨퍼런스 두 차례 개최1996, 2001

2004~2006 태국에서 개최된 세계복음화 로잔포럼

2004년 세계복음화 포럼은 전세계의 복음전도 과업에 초점을 두기 위해 세상 전역에서 1,500명 이상의 기독교 지도자들을 한 자리에 모았다. 이 포럼은 9월 모임에 출석하기 이전에 수개월 동안 정보와 아이디

어들을 미리 주고받으면서 지도자들이 함께하는, 일의 추진을 위한 포럼이었다.

로잔 차세대 지도자 모임

"예수처럼 살고 이끌라"Live and Lead like Jesus는 2006년 로잔 차세대 지도자 모임YLG-06, 말레이시아의 주제였다. 100개 이상의 국가에서 550명의 차세대 지도자들이 모인 로잔 차세대 지도자 모임은 차세대 지도자들이 그들의 사역들을 개발하도록 그리고 멘토들과 서로와 연결하도록 돕는 것도 염두에 두면서 특별히 세계복음화에 초점을 두었다.

2004 태국 세계복음화 포럼

- 태국 파타야에서 2004년 9월 25일 ~ 10월 5일 개최
- 로저 패러트Roger Parrott가 의장직을 맡음
- 세계 전역에서 1,500명 이상 참여
- 주제: "새로운 비전, 새로운 마음, 그리고 새로운 소명"A new vision, a new heart and a renewed call
- 그 구조와 목적은 1980년 파타야 컨퍼런스와 유사했다.

2004년 태국포럼의 특별한 점들

- 참여자들이 특별한 쟁점을 다루는 그룹에 참여하도록 선발됨
- 각 쟁점을 다루는 그룹은 그 자신의 독립 선발 과정을 집행
- 각 쟁점을 다루는 그룹은 교회의 전반에 걸쳐 대표적인 발언들을 모음

- 가장 긴급한 세계의 지역들을 향한 포럼을 참석하는 데는 재정적인 지원의 한계가 있을 것이다.

2004년 태국포럼: 쟁점을 다루는 그룹Issue Group의 초점

- 복음전도에 영향을 주는 32개의 쟁점은 교회 지도자들의 다양한 그룹의 투입을 통하여 하나님의 음성에 귀를 기울이는 것에 관한 세계 전역의 포괄적인 연구 노력을 통해 밝혀졌다.
- 이 쟁점들은 최상의 책략을 연구, 수집하고 교회로 하여금 교단들, 지역교회들 그리고 초점을 둔 사역을 통해 충족할 수 있는 행동계획을 분명히 전하도록 30-70명 인원의 팀들을 준비하는 데 역점을 두었다.

- 국가적, 지역적 그리고 특별 컨퍼런스들이 계속됨
  - 2006년 세계복음전도 중국 코디네이션 센터CCCOWE; Chinese Coordination Centre of World Evangelism 개최
  - 2006년 아시아 로잔 복음화대회 개최
- 세계복음화 로잔위원회 워킹그룹 회의가 계속됨
  - 2006년 쿠알라 룸푸르에서 차세대 지도자 회의 개최

2010 제3차 로잔 세계복음화대회

2010년 케이프타운대회는 세계 교회의 가장 창조적이고 영향력 있는 실천가들과 열띤 생각들을 연결지은 이천 년 기독교 운동 역사상 가장 대표적인 기독교 지도자들의 모임으로 불리고 있다. 2010년 케이프

타운대회 동안에 4,000명 이상의 기독교 지도자들이 198개 국가를 대표해서 참여하였다. 이들은 아프리카, 이집트, 말레이시아, 인도, 북미 등지에서 전 세계에 퍼진 리더십 팀에 의해 뽑혀졌다. 케이프타운 글로벌 링크Cape Town GlobaLink, 케이프타운에서 모인 실질적인 회의Cape Town Virtual Congress 그리고 로잔 글로벌 대화Lausanne Global Conversation를 통하여 수천 명의 다른 지도자들도 대회에 원격으로 참여하였다. 참여자들은 교회와 세계복음화의 미래에 그들이 관계되는 대로 우리 시대의 중대한 쟁점들을 마주 대하였다. 이 대회는 화합, 겸손을 증진시키고 로잔언약에서 보여준 대로 로잔운동의 정신을 다시금 불붙이고자 했던, 능동적이고 진정한 세계복음화에 대한 요청이었다. 로잔언약의 역사적인 선상에서 이 제3차 대회 후에, 역사적으로 중대한 시점에 교회에 활력을 부여하는 명쾌한 요청인 케이프타운 서약Cape Town Commitment이 발표되었다. 이 2010년 케이프타운 대회가 교회 역사의 다음 장을 쓴 것이다.

케이프타운 서약은 로잔언약과 마닐라선언문의 역사적인 연장선에 서있다. 이 서약은 사랑의 언어로 짜여진, 복음주의적 신앙에 대한 심오하고 정연한 성경적인 확언이며, 세계복음화에 대하여 행동하도록 우리에게 요청하는 목적이 뚜렷한 선언이다. 이 서약은 세계 전역에서 수백 명의 기독교 지도자들을 초청해 3년의 토의 과정을 거친 결과이다. 이 지도자들은 대회에서 토의된 쟁점들을 확인하는 것을 도왔으며 그 다음에는 문서에 강조하였다. 케이프타운 서약은 다가오는 10년간 로잔운동을 위한 청사진으로서 섬기게 되었다.

출처: 로잔 웹사이트 http://www.lausanne.org

부록 2
세계인권선언문과 카이로인권선언문

세계인권선언문 The Universal Declaration of Human Rights

1948년 12월 10일에 유엔총회General Assembly of the United Nations에서 채택되고 선포되다.

전문

가족으로 구성된 모든 인류 구성원의 타고난 존엄성과 평등하고 양도할 수 없는 권리를 인정하는 것이 세계의 자유, 정의 그리고 평화의 기초이며, 인권에 대한 무시와 경멸이 인류의 양심을 침해하는 야만스러운 행동을 낳았고, 인간의 언론과 신앙 그리고 공포와 궁핍으로부터 자유를 누리는 세계로의 도래가 보통 사람들의 최고의 열망으로서 선포되었고, 인간이 포학과 압제에 대항하여 마지막 수단으로서 폭동을 일으키도록 강요당하지 않게 하려면, 법의 통치에 의해 인권이 보호되어야 하는 것이 근본적으로 중요하며, 나라 사이의 우호적인 관계의 발전을 증진시키는 것이 반드시 필요하며, 유엔의 사람들은 헌장에서 기본적인 인권, 인간 개인의 존엄성과 가치 그리고 남녀의 평등권에 대한 신념을 재차 확인하였고, 더 폭넓은 자유 안에서의 사회적 진보와 더 나은 생활수준을 증진시키기로 결정하였고, 회원국은 유엔과 협력하여 인권과 기본적인 자유의 보편적인 존중과 준수의 증진을 이루기로 스스로 서약하였고, 이 권리들과 자유에 대한 공동의 이해가 이 서약의 완전한 실현을 위해 가장 중요하기에, 총회는 모든 개인과 사회 기관이

이 선언을 끊임없이 마음속에 되새기며 과업과 교육을 통해 끝까지 이 권리와 자유에 대한 존중을 증진하고자 노력할 것이며, 국가적, 국제적으로 진보적인 조처들을 가함으로 회원국 국민들 자신과 그들의 법 체제 아래 있는 영토의 사람들 가운데 권리와 자유가 보편적이고 효과적으로 인정되며 확실히 준수되도록 하기 위해, 이 세계 인권 선언을 모든 민족과 국가가 성취해야할 공동의 기준으로서 선포한다.

제1조
모든 인간은 자유를 갖고 태어나며 존엄과 권리에 있어서 평등하다. 인간은 천부적으로 부여된 이성과 양심으로 서로를 위해 형제애의 정신을 발휘해야 한다.

제2조
모든 인간은 인종, 피부색, 성별, 언어, 종교, 정치 또는 기타 견해들, 국가적 또는 사회적 출신, 재산, 출생 또는 다른 신분과 같은 어떠한 종류의 차별없이 이 선언에서 공포된 모든 권리와 자유를 누릴 자격이 있다. 더욱이 독립, 신탁, 비자율 통치 또는 여타 다른 통치권의 제한아래 있든지 간에 개인이 속한 나라나 영토의 정치적, 사법적, 국제적 지위에 근거하여 차별이 있으면 안 된다.

제3조
모든 인간은 개인의 생명, 자유 그리고 안전의 권리가 있다.

제4조
아무도 노예의 신분이나 노예 상태에 처해져서는 안 된다. 노예의 신분과 노예매매는 어떠한 형태든지 금지되어야 한다.

제5조

아무도 고문이나 잔혹한 행위, 비인간적이거나 격하하는 대우 또는 형벌을 받도록 해서는 안 된다.

제6조

모든 인간은 어디서에서나 법 앞에서 인간으로서 인정받을 권리가 있다.

제7조

모든 인간은 법 앞에 평등하며 어떠한 차별 없이 법의 동등한 보호를 받을 권리가 있다. 모든 인간은 이 선언에 위반되는 어떠한 차별과 그러한 차별을 선동하는 것에서 동등하게 보호받아야 할 권리가 있다.

제8조

모든 인간은 헌법이나 법률이 그에게 허락한 기본적인 권리를 침해하는 행위에 대해 해당 국가법정에 의해 효력이 있는 구제책을 받을 권리가 있다.

제9조

아무도 임의로 체포, 구류 또는 추방되어서는 안 된다.

제10조

모든 인간은 자신의 권리와 의무, 그리고 자신에게 반대하는 어떠한 형사상의 책임의 결정에 있어서 독자적이고 공평한 법정에 의해 공정한 공판을 받을 완전한 평등의 권리가 있다.

제11조

(1) 형법상의 위반으로 고발된 모든 인간은 그 자신의 변호에 필요한 피보증인이 있는 공개재판에서 법률에 따라 죄가 입증될 때까지 결백하다고 추정될 권리가 있다.

(2) 과실을 범했을 때 아무도 국가법이나 국제법 아래 형사상의 위반을 하지 않은 어떤 행동이나 부작위의 이유로 여떠한한 형사상의 죄의 판결을 받아서는 안 된다. 형법상의 위반에 대해 적용될 만한 것 보다 더 무거운 형벌이 주어져서는 안 된다.

제12조

아무도 자신의 사생활, 가족, 가정 또는 통신에 있어서 임의로 방해를 받아서는 안되며 그의 명예와 평판이 공격받아서는 안 된다. 모든 인간은 그 같은 방해나 공격에 대해 법의 보호를 받을 권리가 있다.

제13조

(1) 모든 인간은 국가의 경계 안에서 이동과 거주의 자유에 대한 권리가 있다.

(2) 모든 인간은 자신의 국가를 포함하여 어떤 국가를 떠나거나 그의 국가로 돌아올 수 있는 권리가 있다.

제14조

(1) 모든 인간은 박해를 피하여 다른 국가에서 도움을 찾을 권리가 있

다.

(2) 이 권리는 진짜로 비정치적인 범죄 또는 유엔의 목적과 원칙에 거슬리는 행위에서 일어나는 박해의 경우에는 호소될 수 없다.

제15조

(1) 모든 인간은 국적을 가질 권리가 있다.

(2) 아무도 임의로 그의 국적을 박탈당하거나 자신의 국적을 바꾸는 권리가 거절되어서는 안 된다.

제16조

(1) 인종, 국적 또는 종교의 제한이 없이 성년의 남자들과 여자들은 혼인의 권리와 가정을 이룰 권리가 있다. 이들은 혼인에 대하여 혼인의 기간 또는 혼인의 취소기간 동안에 동등한 권리를 누릴 권리가 있다.

(2) 혼인은 작정하는 배우자들의 자유롭고 완전한 동의가 있어야만 성립될 수 있다.

(3) 가정은 사회의 자연적이고 기본적인 그룹 단위로 사회와 국가의 보호를 받을 권리가 있다.

제17조

(1) 모든 인간은 다른 사람들과 공동으로 뿐만 아니라 홀로 자신의 재산을 소유할 권리가 있다.

(2) 아무도 그의 재산을 임의로 박탈당해서는 안 된다.

제18조

모든 인간은 사상, 양심 그리고 종교의 자유에 대한 권리가 있다. 이 권리는 그의 종교나 신념 그리고 자유를 바꿀 수 있는 자유를 포함하고, 홀로이든 다른 사람들과 같이 하는 공동체에서든 간에 그리고 공적이든 사적이든 간에 교의, 의식, 예배 그리고 준수에 의해 그의 종교나 신념을 분명히 나타내는 자유를 포함한다.

제19조
모든 인간은 의사와 표현의 자유에 대한 권리가 있다. 이 권리는 방해받지 않고 의견을 나누며, 어느 영역들에 관계없이 어떠한 매스미디어를 통한 정보와 사상을 추구하고, 받고 나누어줄 수 있는 자유를 포함한다.

제20조
(1) 모든 인간은 평화로운 집회와 협회의 자유에 대한 권리가 있다.
(2) 아무도 한 협회에 속하도록 강요될 수 없다.

제21조
(1) 모든 인간은 직접적으로나 자유롭게 선출된 대표를 통해 그의 국가 정부에 참여할 권리가 있다.
(2) 모든 인간은 그의 국가에서 공공 서비스에 평등하게 접근할 수 있는 권리가 있다.
(3) 사람들의 의사가 정부 권위의 기초가 되어야 하며, 이 의사는 보편적이고 동등한 선거권에 의해 비밀투표 또는 그에 상응하는 자유 투표 진행절차에 의해 정기적이고 참된 선거로 표현되어야 한다.

제22조

모든 인간은 사회의 구성원으로서 사회보장을 받을 권리가 있고 국가적 노력과 국제적 협력을 통해 그리고 각 국가의 기관과 자원에 부합하여 자신의 존엄과 자신의 개성의 자유로운 발전을 위해 없어서는 안 될 경제적, 사회적, 문화적인 권리들을 실현할 자격이 있다.

제23조

(1) 모든 인간은 일, 직업에 대한 자유로운 선택, 공정하고 알맞은 일의 조건, 실업에 대하여 보호받을 권리가 있다.
(2) 모든 인간은 차별없이 같은 일에 대해 동일한 보수를 받을 권리가 있다.
(3) 일하는 모든 인간은 그 자신과 그의 가족에게 인간의 존엄의 가치가 보장되어 필요하다면 사회적 보호의 다른 수단에 의해 보충되는 공정하고 유리한 보수를 받을 권리가 있다.
(4) 모든 인간은 그의 이해관계의 보호를 위해 노동조합을 결성하고 가입할 권리가 있다.

제24조

모든 인간은 노동시간의 온당한 제한과 정기적인 휴일들을 급료에 포함하여 휴식하고 여가를 보낼 권리가 있다.

제25조

(1) 모든 인간은 음식과 옷, 주거, 의료보호, 필요한 사회복지를 포

함하여 자신과 그의 가족의 건강과 복지에 적당한 생활수준을 가질 권리를 가지며, 실업을 당할 때, 질병, 불구, 과부생활, 노령 또는 스스로 통제할 수 없는 기타 환경에서의 생계의 결핍의 경우에 보장받을 권리가 있다.

(2) 어머니와 어린이는 특별한 보호와 지원을 받을 권리가 있다. 모든 어린이는 결혼생활 안에서 태어나든 바깥에서 태어나든 똑같은 사회적 보호를 누릴 권리가 있다.

제26조

(1) 모든 인간은 교육받을 권리가 있다. 교육은 최소한 초등교육과 기본적인 단계들에서는 무료이어야 한다. 초등교육은 의무적이어야 한다. 기술과 직업교육은 일반적으로 접근이 유용하고 고등교육은 실력에 근거하여 모든 인간이 평등하게 접근할 수 있도록 하여야 한다.

(2) 교육은 인격의 완전한 개발과 인간의 권리와 기본적인 자유에 대한 존중의 강화를 지향해야 한다. 교육은 모든 민족, 인종 또는 종교 집단 간에 이해, 관용, 우정 그리고 더 나아가서 평화 유지를 위한 유엔 활동을 증진시켜야 한다.

(3) 부모는 그들의 자녀에게 주어지는 교육의 종류를 선택할 우선권이 있다.

제27조

(1) 모든 인간은 공동체의 문화생활에 자유롭게 참여하고, 예술을 즐기며, 과학의 진보와 혜택을 공유할 권리가 있다.

(2) 모든 인간은 자신이 창작한 어떠한 과학적, 문학적 또는 예술적

산물의 결과로 오는 정신적이고 물질적인 이익의 보호를 받을 권리가 있다.

제28조
모든 인간은 이 선언에 규정된 권리와 자유가 완전히 실현될 수 있도록 사회적이고 국제적인 질서에 대한 권리가 있다.

제29조
(1) 모든 인간은 자신의 인격이 자유롭고 완전하게 발전할 수 있는 공동체 안에서만 공동체에 대해 의무를 가진다.
(2) 모든 인간은 자신의 권리와 자유를 행사함에 있어서 타인의 권리와 자유를 마땅히 인정하고 존중하도록 할 목적과 민주주의 사회에서의 도덕, 공공질서, 일반복지의 요구사항에 부응하기 위한 목적을 위해서만 법에 의해 결정된 제한을 받아야 한다.
(3) 이 권리와 자유는 유엔의 목적과 원칙에 위배되어 행사되는 경우가 없어야 한다.

제30조
이 선언에서 아무 규정도 어떠한 국가, 집단 또는 개인이 이 선언에 규정된 어떠한 권리와 자유의 파괴를 목적으로 한 활동에 가담하거나 어떤 행위를 할 수 있는 권리가 내포되어 있는 것으로 해석되어서는 안 된다.

출처: United Nations

이슬람의 카이로인권선언문
Cairo Declaration on Human Rights in Islam

1990년 8월 5일

1990년 7월 31일-8월 5일(9-14 Muharram 1411H) 이집트 아랍공화국 카이로에서 개최된 외무 장관들의 19번째 이슬람회의(평화, 상호 의존 그리고 발전)

지구상에서 알라의 대리인으로서 무슬림의 입장을 자각하며, 모든 생활의 국면에서 무슬림이 진술하는 지침으로서 도움이 될 이슬람의 인권에 관한 서류Document on Human Rights in Islam 발행의 중요성을 깨달으며, 이 원고 서류의 준비를 통하여 단계들을 거쳐 총무Secretary General의 관련 보고서를 검토하였으며, 1989년 12월 26일부터 28일까지 테헤란에서 개최된 법률전문가 위원회의 모임의 보고서Report of the Meeting of the Committee of Legal Experts를 검토하였으며, 인권의 영역에서 회원국가의 일반적인 지침으로서 도움이 될 이슬람의 카이로 인권선언Cairo Declaration on Human Rights in Islam을 공포함을 동의한다.

최상의 공동체로서 이 세상과 내세 간에 지식이 신앙과 결합되어 설립된 조화 안에서 인간에게 세계적이고 균형이 잘 잡힌 문명화를 안겨준 알라가 만든 이슬람 움마Islamic Ummah 공동체의 문명과 역사의 역할을 재확인하면서, 다르고 상반되는 믿음체계와 이념들로 말미암아 혼동된 모든 인류를 인도하고자 이 공동체로부터 기대하는 것들을 완수하려고 하며, 이 물질주의적인 문명화의 모든 만성적인 문제에 대한 해결책을 제공하고자 한다.

인권을 주장하고 착취와 박해로부터 인간을 보호하고 자신의 자유와 권리를 확인하려는 인류의 노력들의 기여는 이슬람 샤리아에 준하여

품위 있는 삶에 이르기 위함이다.

유물론의 과학 분야에서 앞서가는 단계에 미친 인류는 여전히 그리고 앞으로도 스스로의 권리를 지키기 위해 스스로 움직이는 힘뿐만 아니라 그것의 문명화를 지원하기 위한 신앙이 긴박히 필요하다는 확신을 가지며, 이슬람에 따르는 기본적인 권리와 자유가 이슬람 종교의 빠뜨릴 수 없는 부분이라는 것을 믿으며, 아무도 원칙의 문제로서 신적인 명령들을 속박하여 그들을 전체적으로나 부분적으로 여기거나 또는 무시함으로 그들을 폐지하기 위해 권리를 가지는 사람은 없어야 한다. 이 신적인 명령들은 알라의 계시된 책들에 포함되어 있으며 그 명령들은 그분의 선지자 중의 마지막 선지자를 통하여 이전의 신적인 메시지들을 완전케 하려고 보내어졌으며 기본적인 권리들과 자유를 보호하는 것은 예배의 행위이나 반면에 기본적인 권리에 관해 태만하거나 위반하는 것은 가증스러운 죄악이며, 기본적인 권리들과 자유를 보호하는 것은 모든 인간에게 해당하는 개별적 책임이고 모든 움마의 집단적 책임이다.

이러한 결과로 위에 언급된 원칙들의 토대 위에서 다음을 선언한다.

제1조

(a) 모든 인간은 알라에 예속되고 아담에게서 내려온 연합된 구성원들의 한 가족을 형성한다. 모든 인간은 기본적인 인간의 존엄성과 기본적인 의무와 책임의 면에서 인종, 피부색, 언어, 신앙, 성별, 종교, 정치적 가입, 사회적 지위 그리고 기타 사항들을 토대로 어떠한 차별 없이 평등하다. 참된 종교는 완전한 길을 따르는 인간의 존엄성을 보증한다.

(b) 모든 인간은 알라에 종속하고, 알라에 의해 사랑받는 대부분은 그분에게 종속된 자들에게 가장 유익한 사람들이며, 아무도 신앙심과 선한 행위의 토대를 제외한 어떤 것에도 우월할 수 없다.

제2조

(a) 삶은 하나님이 주신 선물이며 삶에 주어진 권리는 모든 인간에게 보장된다. 어떠한 침해에 대해서도 이러한 권리를 보호하는 것이 개인과 사회 그리고 국가의 의무이며, 샤리아에서 규정된 이유 이외에 목숨을 빼앗는 것은 금지된다.
(b) 어떠한 수단으로든 인류의 대량학살의 전멸을 가져오는 것을 의지하는 것은 금지된다.
(c) 알라에 의해 의지된 시간의 기한을 통하여 인간의 삶을 보존하는 것은 샤리아에 의해 규정된 인간의 의무이다.
(d) 신체의 해로부터 안전은 보장된 권리이다. 신체를 보호하는 것은 국가의 의무이며, 샤리아에서 규정된 이유 없이 권리를 깨뜨리는 것은 금지된다.

제3조

(a) 무력 사용의 사건이 있을 때 그리고 무력 충돌의 경우 노인, 여성 그리고 어린이와 같은 전투원이 아닌 사람들을 죽이는 것은 허용되지 않는다. 부상입고 병든 자들은 의약의 치료를 받을 권리가 있으며 전쟁 포로들은 먹여주고 재워주고 옷을 입혀야 할 권리가 있다. 죽은 시체를 절단하거나 해체하는 것은 금지된다. 전쟁 포로들은 교환되어야 하고 전쟁의 상황 때문에 떨어진 가족의 방문이나 만남을 주선해야 한다.

(b) 포격이나 폭파 또는 기타 어떠한 방법으로 나무를 자르거나 농작물이나 가축을 파괴하거나 적의 민간인 건물과 설비를 부수는 것은 금지된다.

제4조

모든 인간은 자신의 삶 동안 그리고 죽음 이후에 인간의 신성과 더불어 자신의 좋은 이름과 명예의 보호를 받을 권리가 있다. 국가와 사회는 자신의 몸과 매장지를 신성을 더럽히는 것에서 보호해야 한다.

제5조

(a) 가정은 사회의 기초이며 결혼은 가족을 이루는 토대이다. 남성과 여성은 결혼의 권리가 있고 인종, 피부색 또는 국적으로부터 오는 어떠한 제한도 그들이 이 권리를 행사하는 것에서 방해할 수 없다.

(b) 사회와 국가는 결혼에 걸리는 모든 장애물들을 제거하며 결혼을 촉진하고, 가족을 보호하며 혼인의 복지를 호위하여야 한다.

제6조

(a) 여성은 인간의 존엄성에서 남성과 평등하며 수행해야 할 의무 못지않게 누릴 수 있는 여성 자신의 권리가 있다. 여성은 시민으로서 자주성과 경제적 독립을 하며, 자신의 이름과 계보를 유지할 권리를 가진다.

(b) 남편은 가족의 부양과 복지에 대한 책임이 있다.

제7조

(a) 출생의 순간 모든 어린이는 부모, 사회 그리고 국가를 통해 알맞은 간호, 교육 그리고 물질적인, 보건상의, 정신적인 조화의 돌봄을 마땅히 받을 권리가 있다. 태아와 어머니는 보호되고 조화된 특별한 보살핌을 받아야 한다.

(b) 부모와 그와 같은 법적 자격을 갖춘 사람들은 윤리적인 가치관과 샤리아의 원칙에 부합하여 어린이들의 관심과 미래를 고려하여 그들의 어린이들을 위해 바라는 교육의 형태를 그들이 선택할 권리가 있다.

(c) 샤리아의 교의에 따라 부모 양쪽 다 그들의 자녀에게서 특정한 권리가 부여되고 친척들은 그들의 친족으로서 권리가 부여된다.

제8조

모든 인간은 모든 우선 투표권과 의무를 가지고 합법적인 피선거권을 누릴 권리가 있으며, 피선거권이 유실되거나 손상을 입을 경우에는 자신이 자신의 보호자에 의해 표현할 수 있는 권리를 가진다.

제9조

(a) 지식의 추구는 하나의 의무사항이고 교육의 공급은 사회와 국가의 의무이다. 국가는 교육을 취득하기 위한 방도와 수단의 유효성을 보장해야 하며, 인간이 이슬람 종교에 정통하고 인류의 혜택을 위한 우주의 비밀들을 밝힐 수 있도록 국가는 사회의 관심에서 교육의 다양성을 확실히 해야 한다.

(b) 모든 인간은 가족, 학교, 대학교, 매스미디어 등을 포함하는 다양한 학습, 교육과 지도를 하는 기관들에서 종교와 세속교육 양

쪽을 다 받을 권리가 있고, 그와 같이 인간의 인격을 계발시킬 수 있는 통합되고 균형이 잡힌 방식은 인간의 알라에 대한 믿음을 강화시키고 권리와 의무 양쪽에 대해 인간의 존중과 방어를 증진시킨다.

제10조

이슬람은 진실이 훼손되지 않은 자연의 종교이다. 인간의 종교를 다른 종교나 무신론으로 억지로 변경하려고 강제로 자신에게 어떠한 형태의 압제를 행사하거나 자신의 가난 또는 무지를 착취하는 것은 금지된다.

제11조

(a) 인간은 자유를 지니고 태어나서 아무도 노예 삼거나 굴욕을 주거나 압제하거나 착취할 권리가 없으며 진능자 일라 이외에는 예속이 있을 수 없다.

(b) 노예삼음의 가장 악한 형태 중의 하나로서 모든 유형의 식민주의는 전적으로 금지된다. 식민주의로 고통을 겪는 사람들은 자유와 자결권에 완전한 권리를 가진다.

모든 형태의 상환과 직업의 상환을 위해 식민지화된 사람들이 투쟁하는 것을 지원하는 것이 모든 국가와 국민의 의무이고, 모든 국가와 국민은 이들의 독자적인 정체성을 보존하고 이들의 부와 천연자원들을 제어할 권리를 가진다.

제12조

모든 인간은 샤리아의 틀 안에서 이동하는데 자유롭게 하며 자신의 나라 안이든 바깥이든 거주지를 자신이 선택할 권리를 가진다. 그리고 만약 핍박을 받는다면 자신은 다른 나라로 망명을 추구할 권리가 주어진다. 망명이 샤리아에 따라 하나의 범죄로서 간주된 행동을 일삼음으로써 움직인 것이 아니라면 피난처 국가는 망명을 구하는 자에게 자신의 안전이 얻어질 때까지 마땅히 보호를 제공해야만 한다.

제13조

노동은 일할 수 있는 역량을 지닌 각 사람에게 국가와 사회에 의해 보장된 권리이다. 모든 인간은 자기에게 가장 잘 맞는 일에 자유로워야 하며 그것은 그 사회의 이익을 위해 일할 뿐만 아니라 자신의 이익을 위하는 것이어야 한다. 피고용자는 모든 기타 사회보장뿐만 아니라 안전과 보안을 누릴 권리를 가져야 한다. 자신에게 자신의 역량을 초과하는 일이 맡겨지면 안 되고 어떠한 방도로도 강요나 착취 또는 해를 받는 조건으로 하면 안 된다. 자신은 남녀 간 어떠한 차별없이 자신이 받을 만한 휴일 수당과 승진뿐만 아니라 지체 없이 자신의 일에 대한 공정한 임금을 받을 권리가 있다. 자신 스스로는 일에 대해 헌신되고 세심하게 일하도록 요구되어야 한다. 근로자와 고용주가 어떠한 문제에 관해 의견이 다르면 국가는 그 분쟁을 해결하기 위해 개입하여 불만에 대한 배상을 하도록 하며 권리가 확인되고 편견이 없이 정의가 집행되도록 하여야 한다.

제14조

모든 인간은 독점, 사기 또는 자신에게나 타인에게 해를 끼침이 없이 합법적인 생계비를 벌 권리를 가져야 한다. 고리대금행위riba는 분명히 금지된다.

제15조

(a) 모든 인간은 합법적인 방법으로 획득한 재산을 소유할 권리를 가지며, 일반적으로 자신, 타인 또는 사회에 편견이 없이 소유권의 권리가 있다. 토지나 재산몰수는 공익의 요구사항들을 위한 것, 즉석의 지불과 공정한 배상을 제외하고는 허용될 수 없다.

(b) 재산의 몰수와 강탈은 법에 의해 지시된 필요성에 대한 것을 제외하고는 금지되어있다.

제16조

모든 인간은 작가로서 자신의 과학적, 문학적, 예술적, 기술적인 노동의 열매를 누릴 권리를 가져야 하며, 샤리아의 원칙에 위배되지 않게 제공되었다면 작가 활동에서 생기는 자신의 정신적이고 물질적인 이익의 보호를 받을 권리를 가진다.

제17조

(a) 모든 인간은 악과 도덕적 부패에서 벗어나 자신의 인격의 건강한 윤리적 개발을 지지하는 깨끗한 환경에서 살 권리를 가지는데 이는 그 권리를 일반적으로 제공하는 국가와 사회에 의지한다.

(b) 모든 인간은 의료와 사회적 보살핌과 자신의 가용 자원의 한도 내에서 사회와 국가에 의해 제공된 모든 공공의 쾌적한 설비를 받을 권리를 가진다.

(C) 국가들은 음식, 의복, 주택, 교육, 의료 보호와 기타 모든 기본적인 욕구를 포함한 자신의 요구사항들과 그의 부양가족의 요구사항들을 충족할 수 있도록 일정 수준의 생계를 개인의 권리

로 보장해야 한다.

제18조

(a) 모든 인간은 자신, 자신의 종교, 자신의 부양가족, 자신의 명예 그리고 자신의 재산을 위해 안전히 살 권리를 가진다.

(b) 모든 인간은 자신의 재산과 자신의 관계에 관하여 자신의 사적인 용무의 집행, 자신의 가정, 자신의 가족 가운데 사생활의 권리를 가진다. 누군가를 몰래 조사하거나 감시받게 하거나 그의 좋은 이름을 손상하는 것은 허용되지 않는다. 국가는 독단적인 간섭으로부터 보호해야 한다.

(C) 사적인 거주지는 모든 경우 불가침이다. 거주인의 허락이 없이 어떠한 불법적인 방법으로 들어갈 수 없고, 거주지가 폭파되거나 압류되고 거주민이 쫓겨나서는 안 된다.

제19조

(a) 모든 개인은 법 앞에 통치자와 피통치자 간의 구별이 없이 평등하다.

(b) 정의에 호소하는 권리는 모든 인간에게 보장된다.

(C) 책임은 본질적으로 개인 인격에 관한 것이다.

(d) 샤리아법에서 제공되는 것 외에는 그 어떠한 범죄 또는 형벌이 있을 수 없다.

(e) 피고인은 항변의 모든 보장이 주어지는 가운데 즉석재판에서 그의 죄목이 입증될 때까지 무죄이다.

제20조

정당한 이유가 없이 개인을 체포하거나 자신의 자유를 제한하고 자신을 망명하거나 처벌하는 것은 허용되지 않는다. 신체적 또는 심리적 고문이나 어떠한 형태로든 학대, 잔학한 행위와 모욕을 함으로 개인을 복종시키는 것은 허용되지 않는다. 개인의 허락이 없이 건강이나 생명을 위태롭게 하면서 의학이나 과학실험을 하여 개인을 복종시키는 것은 허용되지 않는다. 또한 그 같은 행위에 대한 집행 권한을 제공하는 것으로 긴급 법령을 공포하는 것은 허용되지 않는다.

제21조
어떠한 형태로나 어떠한 목적으로도 인질로 잡는 것은 분명히 금지된다.

제22조
(a) 모든 인간은 샤리아법의 원칙에 반대되지 않는 방식에서 자유롭게 그의 의사를 표현할 권리를 가진다.
(b) 모든 인간은 이슬람 샤리아법의 기준에 따라 옳은 것을 옹호하고, 좋은 것을 보급시키며 잘못되고 악한 것에 반대하여 경고할 권리를 가진다.
(c) 정보는 사회에 절대로 필요하다. 그것은 도덕적이고 윤리적인 가치들을 손상시키거나 사회를 더럽히고, 타락시키고 해를 끼치거나 그것의 믿음을 약하게 함으로 선지자들의 신성한 의무와 존엄성을 모독하는 것과 같은 방식으로 악용되거나 오용되지 말아야 한다.
(d) 민족이나 교리에 대한 증오를 자아내거나 어떠한 형태나 인종차별의 선동일 수 있는 어떤 것을 하는 것은 허용되지 않는다.

제23조

(a) 권위는 신뢰이며 남용이나 악의적인 착취는 기본적인 인권을 보장하기 위해 이에 분명히 금지되어있다.

(b) 모든 인간은 직접적 또는 간접적으로 자신의 국가의 공공 업무의 행정에 참여할 권리를 가진다. 또한 샤리아법의 규정에 따라서 공직을 맡을 권리를 가진다.

제24조

이 선언에서 규정된 모든 권리와 자유는 이슬람 샤리아법에 준한다.

제25조

이슬람 샤리아법은 이 선언의 어떠한 기사의 설명이나 명시를 위해 참고할 만한 유일한 출처이다.

출처: University of Minnesota Human Rights Library

대장간은

산상수훈이라는 삶의 푯대를 받아들인
사람이라면 무엇을 자각해야 하는지?
현대사상, 시대정신과 기독교 윤리의 충돌로 말미암은
긴장을 어떻게 해소해야 하는지?
세상제국과 하나님나라 사이에 끼어 있는 수많은 딜레마를
어떻게 극복해야 하는지?
기도란 무엇이고 성서의 의미는 무엇이며,
십자가의 진리를 어떻게 해석해야 하는지?
세상과 변질된 교회 사이에서 경험하는 우리의 무기력증이
쉴 새 없이 쏟아내는 질문들에 대한 대안을 찾고 있다.

무슬림 친구에게 답하기 _ 해리 모린 지음 / 전병희 옮김
이 책은 기독교인에게 무슬림이 성경의 진리에 반대하는 기본적인 논증에 대해 이해하도록 돕고,
우리가 어떻게 그들에게 적절하게 응답할 것인지에 대해 도움을 줄 것이다.

기독교와 이슬람의 영성 _ 마리아 자우디 지음 / 전병희 옮김
저자는 삶 대부분을 중동에서 보냈고 기도의 깊은 수준과 영성 발달 측면에서
기독교인과 무슬림 사이에 다리를 놓고자 이 글을 썼다. 그녀는 또한 이 책에서 평화롭고
건강한 지구를 위해 늘 관심거리였던 그들의 공동 유산을 표현한다.

무슬림의 마음 _ 에드워드 호스킨스 지음 / 전병희 옮김
이 책은 기독교인들에게 무슬림 친구들, 이웃들 그리고 동료들과 관계 짓는데 조치할 과정을
제시해 주며, 무슬림이 생각하고 느끼는 방식과 이에 대한 문화적인 이유를 이해하는 것이
중요함을 가르쳐 준다.

무슬림의 꿈과 환상 _ 베리 피터스 지음 / 전병희 옮김
기독교인은 구원을 사모하는 무슬림에게 성서 이야기를 꿈 해석의 기초로 삼아서 그가 꾸게 된
꿈과 환상을 선명히 이해하도록 도울 필요가 있다. 이 책은 주변 무슬림에게 가까이 다가가고
그들의 영적인 필요를 채워가는 부분에 귀중한 보탬이 될 것이다.

사랑의 통로-이슬람의 신비주의 속의 예수 _ 오빌 보이드 젠킨스 지음 / 전병희 옮김
이 책은 그리스도인과 무슬림의 공통된 주제들에 대해 생각할 수 있도록 해주고,
그리스도인과 무슬림이 실제적으로 무엇을 주장하고 있는지 그리고 서로 간에 무엇을 선포하고
있는지를 긍정적으로 고려하도록 돕는다.

도서출판 대장간 www.daejanggan.org